Rezeption

Große gastronomische Oper

Große gastronomische Oper

Das Restaurant Bareiss im Hotel Bareiss

Claus-Peter Lumpp
Hans Peter O. Breuer

Fotografie: Bart Van Leuven

STICHTING KUNSTBOEK

DUQUE

Vorwort

Warum trägt ein Kochbuch den Titel Große gastronomische Oper*? Und warum just dieses Buch über das Restaurant Bareiss im Hotel Bareiss?*

Es hängt mit vielem zusammen. Wie die Opernbühne, kennt auch das Geschehen im Restaurant ein vor *und* ein hinter den *Kulissen. Damit sich der Vorhang über der Genießerszene heben kann, auf der ein Festspiel lust- und geistvoller Tafelkultur gegeben wird, wird in den Gassen und Seitenbühnen von Küche und Keller so allerhand bewegt, damit das Stück* Lebensart *gut über die Feinschmeckerbühne geht. Einen Blick in diese Welt geben die Bilder von Bart Van Leuven frei, deren Sinnlichkeit für sich selber spricht, so dass sie keines Kommentars bedürfen.*

Große Oper ereignet sich in prachtvollem Rahmen, in voller Orchesterbesetzung, mit Solisten und Chor. Die Musik geht ins Ohr, die Handlung ans Herz, wir verlassen das Theater anders, als wir es betraten: mitgenommen, berührt, verführt, erhoben, enthoben, entrückt – auf geraume Zeit waren wir wie in einer anderen Welt. Dies war der Augenblick, genau dieser war es, von dem wir immer wünschen, er möge doch verweilen, weil er so schön ist.

Nichts anderes und nichts weniger bewirkt die Große gastronomische Oper*, wenn sie in einer Umgebung geboten wird wie im Hotel Bareiss. Alles hier ist darauf angelegt, den Gast seine grauen Stunden, die Niederungen des Alltags vergessen zu lassen und ihn auf Höhen der Lebensfreude zu führen, von denen aus er überblickt, dass es zwar nicht nur nur, aber eben doch* auch *seine Sonnenseiten hat, das Leben. Und auf dem Gipfel erwarten den Bareiss-Gast im Restaurant Bareiss all die Genüsse, die seine Protagonisten nur aufzubieten vermögen: Le Chef* Claus-Peter Lumpp, *Maître* Thomas Brandt *und Sommelier* Jürgen Fendt.

Diese drei bieten aber mehr, als Kunst und Kompetenz ihrer Berufe zu bieten vermögen, was für sich ja schon sehr, sehr viel ist. Sie vermögen es, den Gast vor lauter Glück wünschen zu lassen, von hier nicht mehr fort zu wollen: Drei und vier und fünf Stunden im Restaurant Bareiss zuzubringen, das ist vielmehr, als nur eine Mahl-Zeit genossen zu haben. Vielmehr ist es von den Gastgebern in pure Lebensfreude verwandelte Lebenszeit, die wir geschenkt bekamen. Größeres und Schöneres kann einem nicht zuteil werden. Dafür sind wir dankbar: Standing ovations.

Hans Peter O. Breuer

Doyen der Gastlichkeit: Hermann Bareiss

„An ihren Früchten werdet ihr sie erkennen."

So steht es in der Bibel. Und die Bibel, um den einst berühmten Buchtitel des heute fast vergessenen Werner Keller zu zitieren, hat doch Recht. Jedenfalls im Bezug darauf, von der Wirkung auf ihre Ursache oder auf ihren Urheber schließen zu können.

Wenn wir also vom Hotel Bareiss, in Baiersbronn Mitteltal im Schwarzwald gelegen, als einem der besten europäischen Ferienhotels sprechen, als einer der berühmtesten Herbergen, so lässt das wohl Rückschlüsse auf den Hotelier und Herbergsvater, auf Hermann Bareiss, zu: auf Natur, Charakter, Temperament – kurz, auf das, was, neben anderem, eine Person zur Persönlichkeit macht.

Herkunft ist nicht alles, aber sie erklärt manches. Bareiss ist Kriegskind des vorletzten Kriegsjahres 1944. Den Vater, Förster in Mitteltal, hat er nicht kennen gelernt, der fiel nur drei Monate nach der Geburt seines Sohnes. Mutter Hermine Bareiss stand nunmehr allein mit zwei kleinen Kindern, mit der zwei Jahre zuvor geborenen Tochter Heide und mit Hermann, der im Forsthaus am Ellbach am 27. März 1944 zur Welt gekommen war.

Die Kinder wuchsen ohne Vater auf. Die Mutter heiratete nicht mehr und stellte sich ihren beiden großen Lebensaufgaben: Die Kinder lebenstüchtig zu machen – Tochter Heide Mast-Bareiss führt seit über 30 Jahren höchst erfolgreich das Hotel Schwarzmatt im südschwarzwälderischen Badenweiler, Nähe Basel – , und den Mitteltalern zu zeigen, dass auch eine Zugereiste, wie sie es war, ohne Mann ihren Mann stehen kann. Zuerst betrieb sie das Gasthaus Kranz und gründete 1951 das Kurhotel Mitteltal, das erst 1992 in Hotel Bareiss umbenannt wurde. Die gelernte Restaurantfachfrau erwies sich schnell auch als vorbildliche Gastgeberin. Nur zu Beginn der 50er Jahre bekam das Haus eine kleine Startschwäche zu spüren, spätestens ab 1956 ging es unaufhaltsam aufwärts. Aus der Pension mit zunächst 13 Zimmern wurde schnell ein richtiges Hotel, das sich sowohl für seine Küche als auch für seine Gästebetreuung weit über die Grenzen Baden-Württembergs hinaus den Ruf erwarb, eine ebenso erholsame wie genussreiche Adresse für die Ferien zu sein. Was heute eine Selbstverständlichkeit ist, galt damals als Sensation: mit den Gästen aus dem Rheinland Karneval zu feiern oder das Haus auch am Heiligen Abend geöffnet zu haben, um den Gästen die Weihnachtstage, Silvester und Neujahr auszurichten. Hermine Bareiss wusste früher als ihre Gäste, was die wollten.

Darin steht der Sohn der Mutter nicht nach. Für den eher mäßig guten Schüler – Bareiss ist bis heute kein Schreibtischtäter – stand schon mit zwölf

Der Beginn: das „Gasthaus zum Kranz" aus den 50er Jahren.

Jahren fest, Hotelier werden zu wollen. Und der eben mal Zwanzigjährige, der in Tübingen seine Kochlehre erfolgreich absolviert hatte und dem für die ersten Wanderjahre die besten Häuser in London und Paris gerade gut genug waren, hatte feste Pläne im Kopf und in der Schublade, was er, komme einmal seine Stunde, aus dem Hotel machen wollte: eines der führenden Häuser in Deutschland zu sein. Und das erste Freibad stand schon auf dem Plan, als landauf, landab noch nirgends eines in einem Hotel zu finden war.

Die Stunde, nach Hause zurückzukehren, schlug früher als geplant. Der herzkranken Mutter, der immerhin beschieden war, noch ihren 80. Geburtstag 1993 in großem Freundes- und Gästekreis feiern zu können, wurde die Arbeit zu viel. Sie rief ihren Sohn vom Tegernsee zurück, wo der im legendären Bachmair am See Karriere zu machen begonnen hatte. Nicht minder legendär, mochte sich der 29 jährige gedacht haben, müsste einmal das Kurhotel Mitteltal werden. Die Voraussetzungen dafür waren schlecht: Der Standort war miserabel, das Haus zu klein, das Angebot, aus der Sicht des jugendlichen Stürmers und Drängers, zu provinziell. Die Voraussetzungen waren aber auch gut: Die Mutter ließ ihn gewähren.

Im Lauf der folgenden 30 Jahre entstand in über 50 Bauabschnitten mit inzwischen weit über 200 Mitarbeitern, was der Gast heute als das Bareiss kennt: Ein Hotel, dessen Ausstattung jeden Vergleich mit der internationalen weltgültigen Hotellerie aushält, eine Gastronomie, die vom kulinarischen Ferientag bis zur Grande Cuisine in dieser Güte und Breite ihresgleichen sucht, ein Ferien- und Freizeitangebot, das nicht wirklich einen Wunsch offen lässt. Dies erreicht und geleistet zu haben, dafür braucht sich Hermann Bareiss nicht selber auf die Schulter zu klopfen. Sein Hotel belegt in allen europäischen Rankings die ersten

Die Kaffeeterrasse des
Kurhotels Mitteltal
in den 50er Jahren.

Plätze, in der eigenen Branche wurde es innerhalb einer Meinungsumfrage wiederholt zum beliebtesten Hotel Deutschlands gewählt, das Restaurant Bareiss zählt zu den Top Ten in der Bundesrepublik, die Gäste stimmen über das Haus, rustikal gesprochen, mit den Füßen ab: Eine Auslastung von 90% sagt alles über, markttechnisch formuliert, die von niemandem hinterfragte Akzeptanz.

Der Hausherr selbst leidet ebenfalls keinen Mangel an Anerkennung. Zu den jüngsten Würdigungen gehört die des „Gastgeber des Jahres" von Deutschlands populärstem Gesellschaftsmagazin. Den Unternehmer ehren die wichtigsten Orden des Landes Baden-Württemberg, die Staufer- und die Wirtschaftsmedaille. Und zu den letzten Amtshandlungen des Bundespräsidenten Johannes Rau gehörte die Verleihung des Bundesverdienstkreuzes. Nicht zu reden, wir wollen das nicht unterschlagen, vom Beifall der Damenwelt, die dem attraktiven Gastgeber, von den Jünglingsjahren bis heute, zu Füßen zu liegen pflegt.

So viel von der Wirkung. Was ist über den Urheber zu sagen?

Dass dieser so unbestreitbare wie eindrucksvolle Erfolg dem Zufall zuzuschreiben wäre, das nimmt kein Mensch im Ernst an. Wo das Hotel und der Mann, der so heißt, ja, der das Hotel recht eigentlich ist – *der* Bareiss ist *das* Bareiss – heute stehen, dort wollte Hermann Bareiss stehen. Seinem nicht eben geringen Ehrgeiz, seinem unbedingten Willen zur Perfektion und seinem wachsam voraussehenden analytischen Instinkt mag das Glück dabei hold gewesen sein. Aber den Zufall, wie gesagt, den hat er nicht Regie führen lassen in seinem Leben. Das hat er selber fest im Griff. Bareiss ist zwar ein konzeptionell und strategisch denkender Unternehmer, aber kein Prinzipienreiter. Nicht immer und nicht immer sofort biegsam werden, nicht zu jedermanns Bequemlichkeit, Wirklichkeiten seinen Wünschen gleichwohl angeschmiegt und angeglichen: *geht nicht,* gibt's nicht. Sein instinktsicheres wie planmäßiges Wollen, was Ziele betrifft, ist durchaus intransingent. Das Wie der Forderung indes, das liegt eingebettet im weichen Futteral formvollendeter Höflichkeit und gewandter Eleganz, Tribut nicht zuletzt an ein gesundes Maß Eitelkeit, die eine geniale Natur, sprechen wir's aus, sich selber schuldig ist und die ihm zustatten kommt: Nur die Lumpe sind bescheiden.

Bareiss ist kein lauter Mann. Er beherrscht, die Präsenz in Person, Raum und Szene, auch ohne seine Stimme zu erheben. Die Gültigeit und Überzeugtheit seiner Meinung hat, wie anfechtbar sie fallweise einmal sein mag, bei Mitarbeitern wie Kollegen etwas selbstsicher-missionshaft Apodiktisches. Das macht die Bareiss-Mitarbeiter zu Bareissianern, die auch noch Jahre nach ihrem Ausscheiden aus dem Betrieb am Mund ihres Patrons hängen und ihn lieben. In der Branche macht es ihn, unbestrittener Kompetenz und Erfahrung wegen, zum gefragten Meinungsbildner, wohin es mit ihrer Entwicklung und Zukunft geht. Und den Gästen gilt er als der Doyen der Gastlichkeit schlechthin – an Bareiss kommt im Hotel-Deutschland niemand vorbei.

King of kings nennen ihn in respektvoll-hochnehmendem Scherz die Freunde, über die man den Weg zum Menschen Hermann Bareiss findet, der, wie schon die Mutter, ein begnadeter Stifter von Freundschaften ist. Das liegt am Sendungsbewusstsein des beschämenden Verwöhners, dessen Großzügigkeit sich niemand entziehen kann. Eine Großzügigkeit, die Ausweis einer Großherzigkeit ist, die man seiner von Distanziertheit nicht freien Diskretion und Dezenz, der jede vertrauliche Intimität ganz gegen die Natur, ja, entschieden zuwider ist, prima vista nicht zutrauen würde. Aber seht euch den Mann und sein Hotel nur an: Wer so auftritt und wer so unternimmt, denkt und handelt der in kleinen Größen?

Bareiss zahlt Gästen wie Freunden stets in großer Münze. Knickrigkeit und Knausertum sind seiner Zuneigungsbedürftigkeit wesentlich fremd. Sie passten auch nicht zum Genießer, der Bareiss ist. Das Restaurant Bareiss geschaffen zu haben, war weniger dem Zeitgeist der 80er Jahre gezollt, an deren Beginn Gourmetrestaurants einen nicht für möglich gehaltenen Aufschwung in Deutschland erlebten. Sondern es entspricht vielmehr des Ästheten Bareiss' persönlichster Lebensart und Selbstachtung, Tisch- und Tafelkultur auf einem idealen Niveau zu zelebrieren. Er zelebriert die nicht für sich selbst. Sondern es verschafft ihm Befriedigung und Genuss, mit Freunden geteilte Tafelfreuden sich selbst eine doppelte Lebensfreude sein zu lassen. Bareiss lebt gern. Man sieht es, wenn er in einer Geselligkeit seiner Wahl das Glas hebt und wenn ihm die Freude an der Freude anderer, wenn sie einem guten Essen und einem guten Wein zusprechen, ins Gesicht geschrieben steht.

Ein Genuss für sich ist, Hermann Bareiss beim Kochen zuzusehen, es kommt einem Liebesakt gleich. Seine *mise*

Die Hotelgründerin: Hermine Bareiss, 1993.

en place ist ein Muster an Hingabe ans Produkt, des Versenkens in den Vorgang der Zubereitung, der Hinbreitung des Zubereiteten auf dem Teller, das zu genießen auf einen Gipfel der Gaumenlust führt – viel Schöneres mehr gibt es für Bareiss, ein Erotiker naturgemäß, nicht.

Was er als Sinn in seinem Leben empfinden mag, fragen wir abschließend und vorlaut. Da ist natürlich das Werk, das Lebenswerk, das Denkmal zu Lebzeiten: das Bareiss. Oder sagen wir's anders: Da ist das Hotel, das von der Mutter geschaffene Hotel, ihr Lebenswerk, sein Erbe. Ihrer Achtung und Liebe ist es geschuldet, das Hotel als Werk fortzusetzen, was einem Leben den Sinn gibt, wenn auch nicht seinen wichtigsten und größten.

Es hat Opfer gekostet, die Fortsetzung dieses mütterlichen Werks. Opfer, Bareiss hat es selber einmal bekannt, die nicht nur er, sondern die auch Familie und Freunde zu erbringen hatten – sie hatten da keine Wahl –, indem sie den Bruder, Schwager, Onkel und Wegbegleiter tun ließen, was er tun musste, denn auch er hatte keine Wahl. Und es hatte seinen Sinn, nicht anders gehandelt zu haben, wenn auch nicht den einzigen.

An den Früchten werdet ihr sie erkennen, sagt die Bibel, die doch Recht hat. Sie heißen Christian und Hannes, die beiden Söhne. Anfang und Mitte zwanzig sind sie, sympathischste junge Männer, die beruflich in die Fußstapfen des Vaters treten, jedenfalls sind die Voraussetzungen dafür gegeben. Damit machen sie ihm viel Freude. Selbst wenn sie später einmal etwas anderes machen. Denn sie sind, er hat es einmal gesagt, sein Ein und Alles. Sinn seines Lebens also.

Hermann Bareiss mit seinen Söhnen Christian (l.) und Hannes (r.) anlässlich der Verleihung der Wirtschaftsmedaille 2001.

Inhalt

26
Herzlich
willkommen

Willkommen, bienvenue, welcome

Was denn das Bareiss zum Bareiss mache. Eine viel gestellte Frage, vor deren Antwort wir auf höchstem musikalischem Niveau kneifen und mit Richard Wagners Gurnemanz singen könnten: „Das sagt sich nicht." Aber so einfach können und wollen wir es uns nicht machen.

Schließlich haben sich Politiker von Rang, Schriftsteller von Gnaden und langjährige Stammgäste um eine Definition bemüht, als es um die Verleihung von Orden, publizistische Auszeichnungen oder schlicht darum ging, zu erzählen, warum Ferientage im Bareiss wieder einmal dermaßen unbeschreiblich schön waren, dass es den Leuten wahrhaftig schwer fällt, es zu beschreiben.

Halten wir uns einfach an die Tatsachen, auch wenn sie nüchtern zu sein scheinen. Das Erste, was der Gast im Bareiss zu hören bekommt, wenn er anreist, ist ein „Herzlich willkommen". Das Erste, was er zu lesen kriegt, ist nicht ein inquisitorisches Anmeldeformular, in dem kurz bis vor der Schuhgröße behördlich alles abgefragt wird, was eigentlich gefälligst keine Behörde zu interessieren hat. Sondern er liest „Herzlich willkommen" auf einem Begrüßungsherz, das die Türe seines Zimmers schmückt. Das Erste, was er sieht, wenn er ins Restaurant Bareiss geht, sind keine Verbotsschilder für Hunde und Handys (obwohl, Handys und Hunde auf lukullischem Gefild', das muss nicht wirklich sein, oder?), sondern das sind, unter Maître Thomas Brandts souveränem Dirigat, die strahlenden Augen des Service-Teams, das ihn in Empfang nimmt. Und diese strahlenden Augen sagen bereits, was dann auch die Lippen sprechen: Herzlich willkommen im Reich des Genießens,

wo gleich auch erste Gaumengrüße aus der Küche, wie wir sie Ihnen auf diesen Seiten zeigen, das Bienvenu kulinarisch komplettieren. Wenn es später dann irgendwann heißt, Abschied zu nehmen, hier aus dem Reich der Genüsse von Claus-Peter Lumpp oder von Hermann Bareiss' Ferieninsel, dann steht's allen im Gesicht geschrieben, und mühelos ist es zu lesen, wie ehrlich und vor allem herzlich es mit dem „Auf Wiedersehen" gemeint ist, auf das sich alle Bareissianer freuen, weil sie alle Gastgeber mit Leib und Seele sind.

Aber noch verabschieden wir uns nicht. Wir sind ja gerade erst angekommen. Und fühlen uns auf Anhieb auch aufgenommen und angenommen. Man muss sich, gewissermaßen, gar nicht daran gewöhnen, hier zu sein. Sofort ist es, als hätten sie auf einen geradezu gewartet, um aus einem nie versiegenden Füllhorn von Verwöhnung zu schöpfen und es verschwenderisch dem Gast teilwerden zu lassen. Der Gast erlebt eine Ansprache, die ohne Wörter auskommt. Denn es ist die Sprache der Gastfreundschaft, die ohne Vokabeln verständlich ist: Wessen Herz spricht, an den hat man das seine schnell verloren. Und das macht das Bareiss zum Bareiss.

Melonensüppchen mit Gambas und Avocado

ZUTATEN FÜR 4 PERSONEN

MELONENSUPPE: ⁜ 1 Charentais-Melone ⁜ 50 ml weißer Portwein ⁜ 3 EL Joghurt ⁜

AVOCADOTÖRTCHEN: ⁜ 2 Tomaten ⁜ 2 Avocados ⁜ Limonensaft ⁜ Salz & Pfeffer ⁜

RATATOUILLE-VINAIGRETTE: ⁜ 1 rote Paprika, geschält ⁜ ¼ gelbe und grüne Zucchini ⁜ ½ kleine Aubergine ⁜ 2 Schalotten ⁜ Tomatensaft ⁜ weißer Balsamico ⁜ Olivenöl ⁜ Thymian und Knoblauch ⁜ Salz & Pfeffer ⁜

Zubereitung

⁜ MELONENSUPPE: Melone schälen, Kerne entfernen, klein schneiden und mit den restlichen Zutaten mixen.
Eventuell mit etwas Honig nachsüßen.

⁜ AVOCADOTÖRTCHEN: Tomaten blanchieren, Haut und Kerngehäuse entfernen und in kleine Würfel schneiden.
Avocados schälen und in 2 mm dicke Scheiben schneiden und mit einem Ausstecher 2,5 cm Durchmesser 12 kleine Avocadotaler ausstechen, den Rest in kleine Würfel schneiden.
Avocado mit Salz & Pfeffer und Limonensaft marinieren. Tomatenwürfel ebenfalls würzen, mit den Avocadowürfeln mischen, anschließend aus Talern und Würfeln kleine Törtchen zusammenfügen.

⁜ RATATOUILLE-VINAIGRETTE: das Gemüse in feine Würfel schneiden und in heißem Olivenöl mit Knoblauch und Thymian kurz ansautieren. Aus Tomatensaft, weißem Balsamico und Olivenöl eine Vinaigrette herstellen, das Gemüse dazugeben und mit Salz & Pfeffer abschmecken.

Gambas würzen und in heißem Olivenöl mit Knoblauch und Thymian anbraten.

⁜ GARNITUR: 4 Grissini mit Parmaschinken umwickelt

Anrichten

Melonensüppchen in einer Espressotasse anrichten, das Avocadotörtchen daneben stellen und die gebratenen Gambas daran anlegen und mit der Vinaigrette nappieren.

Weinempfehlung *Frisch und unkompliziert sollte der Essensbegleiter sein:*
2002 Auxerois Kabinett trocken ⁜ Weingut R&C Schneider ⁜ Baden

Zackenbarsch mit Zitronensauce und Kirschtomaten

ZUTATEN FÜR 4 PERSONEN ⁜ 200 g Zackenbarschfilet ⁜ 12 Kirschtomaten ⁜ ¼ l Fischsauce hell ⁜ 1 Zitrone ⁜ Olivenöl ⁜ weißer Balsamico ⁜ 1 Bd. Basilikum ⁜ Salz & Pfeffer ⁜

Zubereitung

Von den Kirschtomaten den Strunk entfernen, im kochenden Wasser kurz blanchieren und im Eiswasser abschrecken. Die Haut abziehen, anschließend die Kirschtomaten vierteln und die Kerne entfernen.
Nun werden die Kirschtomatenviertel mit Salz & Pfeffer, Olivenöl, weißem Balsamico und geschnittenem Basilikum mariniert.
Zackenbarsch in vier gleichmäßige Stücke schneiden und würzen.
Fischsauce aufkochen, mit Zitronensaft und etwas Zitronenabrieb und eventuell Puderzucker abschmecken.

Fertigstellung

Zackenbarsch in Olivenöl braten, Zitronensauce mit etwas Olivenöl aufmixen und in einem kleinen tiefen Amuse-Teller saucieren, Kirschtomatensalat darauf anrichten und den gebratenen Zackenbarsch anlegen und mit etwas Tomatenfond nappieren.

Weinempfehlung *Lebendig, animierend und nicht zu säuregeprägt wäre ein sehr guter Partner:*
2002 Scheurebe Spätlese trocken ⁜ Weingut am Stein ⁜ Franken

Variation vom Sankt-Patrick-Lachs

ZUTATEN FÜR 4 PERSONEN

LACHS MOUSSE: 125 g geräuchter Lachs ❈ 300 ml Sahne ❈ 3 Blatt Gelatine ❈ 125 g halbfest geschlagene Sahne ❈ Salz & Pfeffer

KARTOFFEL- LAUCHSALAT: 1 kleine Kartoffel ❈ ½ Stange Lauch ❈ Schnittlauch ❈ weißer Balsamico ❈ Olivenöl

LACHS-TATAR UND CROUSTADE: 150 g Lachs ❈ Fleur de sel ❈ schwarzer Pfeffer ❈ Schnittlauch, geschnitten ❈ Olivenöl ❈ Limone ❈ Filoteigblätter ❈ Butter

SAFRANSAUCE: 1 EL Mayonnaise ❈ 2 EL Crème fraîche ❈ Safranfäden ❈ Noilly-Prat

Zubereitung

❈ LACHS MOUSSE: Sahne mit klein geschnittenem Lachs aufkochen, zehn Minuten ziehen lassen, eingeweichte Gelatine hinzugeben und mixen, passieren. Auf Eis kalt rühren und geschlagene Sahne unterheben, mit Salz & Pfeffer abschmecken. Auf ein Blech gießen und kühl stellen, später kleine Törtchen ausstechen.

❈ KARTOFFEL- LAUCHSALAT: Kartoffel schälen, mit der Aufschnittmaschine Kartoffeln in 3 mm dicke Scheiben aufschneiden und danach in kleine Rauten schneiden.
Lauch halbieren und waschen, ebenfalls in kleine Rauten schneiden. Lauch- und Kartoffelrauten blanchieren.
Aus den restlichen Zutaten eine Vinaigrette herstellen, Lauch und Kartoffel kurz in einer Pfanne mit Butter anschwenken, mit der Vinaigrette anmachen und abschmecken.

❈ LACHS-TATAR UND CROUSTADE: Lachs in kleine Würfel schneiden, mit Schnittlauch, Olivenöl, Fleur de sel, schwarzem Pfeffer und Limone pikant anmachen.
4 kleine Nocken formen und den in 4 kleine Filoteigblätter zu Dreiecken einschlagen und dann in heißem Butterschmalz ausbacken.

❈ SAFRANSAUCE: die Safranfäden mit Noilly-Prat aufkochen und abkühlen lassen, die Mayonnaise mit Crème fraîche und dem Safran verrühren, mit Salz & Pfeffer abschmecken.

Weinempfehlung *Besonders gut passt ein frischer Riesling, der etwas gereift ist:*
2001 Schweicher Annaberg ❦ Riesling Spätlese trocken ❦ Weingut Heinz Schmitt ❦ Mosel

Wachteltandoori im Frühlingsrollenteig

ZUTATEN FÜR 4 PERSONEN

2 große Wachteln ❈ 4 Blätter Frühlingsrollenteig ❈ Schweinenetz ❈ 2 EL Geflügelfarce ❈ 1 Bd. frischer Koriander ❈ Tandooripulver ❈ Shiitakepilze ❈ heller Geflügelfond ❈ Sahne ❈ Madras-Curry ❈ Kreuzkümmel ❈ Butter ❈ Salz & Pfeffer

GEFLÜGELFARCE: 200 g Poulardenbrust ❈ 60 g Gänsestopfleber ❈ 200 ml Sahne ❈ Salz & Pfeffer ❈ Cognac und Madeira zum Abschmecken

Zubereitung

❈ GEFLÜGELFARCE: Poulardenbrust fein wolfen, in einen gut gekühlten Küchenmixer das gewolfte Poulardenfleisch, Gänsestopfleber und die Gewürze geben. Nun mit hoher Geschwindigkeit die Sahne einmixen, bis eine geschmeidige Farce entsteht, durch ein Haarsieb streichen und nochmals abschmecken.

Wachtel ausbeinen und von den Keulen den Unterknochen auslösen zum Füllen, das untere Teil vorsichtig plattieren, würzen, mit Farce bestreichen und zu einer kleinen Keule formen, Oberseite dünn mit Farce bestreichen und mit einem Korianderblatt belegen und in Schweinenetz einschlagen.

❈ CURRYSAUCE: ¼ l heller Geflügelfond mit ¼ l Sahne, Madras-Curry und etwas Kreuzkümmel um ⅓ einkochen lassen, abschmecken mit Salz & Pfeffer.

Die Frühlingsrollenteigblätter mit flüssiger Butter bestreichen und auf Alufolie legen, kleine Schalen formen und bei 220 °C drei Minuten goldbraun backen, auskühlen lassen und die Alufolie vorsichtig entfernen.
Shiitakepilze in kleine Stücke schneiden und in Butter anbraten, mit etwas Geflügelfond und Chilisauce ablöschen, gehackten Koriander dazugeben und mit etwas frischer Butter sämig einkochen.

Fertigstellung

Wachtelbrust leicht salzen und mit der Unterseite in Tandooripulver legen, etwas abklopfen und in schäumender Butter braten.
Wachtelkeule mit Salz & Pfeffer würzen und ebenfalls braten, Schweinenetz entfernen und mit etwas Geflügelglace glacieren.

Weinempfehlung *Die Würze sollte durchaus mit einem fruchtigen Wein ausgeglichen werden:*
1998 Trittenheimer Apotheke ❦ Riesling Spätlese ❦ Weingut Clüsserath-Eifel ❦ Mosel

Rochenflügel mit Kapernsauce und Bottarga

ZUTATEN FÜR 4 PERSONEN

200 g Rochenflügelfilet · 100 g Nudelteig · 20 g Bottarga · ¼ l Fischsauce · 1 EL Kapernessig · 12 Kapern · Olivenöl · Salz & Pfeffer

Zubereitung

Den Nudelteig durch eine Nudelmaschine lassen und feine Fettuccini herstellen. Rochenflügel in vier gleichmäßige Stücke schneiden und mit Salz & Pfeffer würzen. Fischsauce mit Kapernessig aufkochen und mit etwas Butter montieren, dann die Kapern dazugeben.

Fertigstellung

Rochenflügel in etwas Fischfond und Butter glasig pochieren, die Fettuccini in kochendem Salzwasser kurz abkochen, direkt in eine Pfanne mit etwas Olivenöl und gehobeltem Bottarga anschwenken.
Den Rochenflügel anrichten und mit Kapernsauce nappieren, Fettuccini zu einer kleinen Rolle aufdrehen und anlegen und mit einer Bottargascheibe garnieren.

Weinempfehlung *Feinheit und Kraft sollten im Glas vereint werden:*
2001 Spitzer Rotes Tor · Grüner Veltliner Federspiel trocken · Weingut Hirtzberger · Wachau

Ein Gefühl von dolce far niente

„Gefühl ist alles, Name ist Schall und Rauch."

Das singt nun nicht Gurnemanz in Wagners Bühnenweihfestspiel „Parsifal", den wir im vorigen Kapitel vom herzlichen Empfang erwähnten. Sondern das sagt der Faust in Goethes erstem Teil der Tragödie. Und wir zitieren ihn, um ihm zu widersprechen. Denn das hat man nicht alle Tage, dass man einem großen Dichter ins Dichterwort fallen kann.

Klar, es stellt sich natürlich ein tolles Ferien*gefühl* ein, nach den ersten Stunden schon, die man im Bareiss zubringt. Aber dieses Gefühl verdankt sich selbstverständlich nicht Schall und Rauch. Und nicht einmal einer manchmal wirklich verblüffenden Gabe, wie die Mitarbeiter einem hier Wünsche von den Augen ablesen zu können scheinen. Sondern da gibt es ein paar handfeste Realien, um vom Bareiss als einer Ferieninsel sprechen zu können.

Bleiben wir ruhig im Bilde, bleiben wir bei der Insel, womit wir zunächst einmal das nasse Element assoziieren, das eine Insel umspült. Davon gibt's im Bareiss genug. Innenpools und Außenpools, Meer- und Süßwasserbecken, Saunen, Tauchbecken, Schönheitsbäder in der Kosmetik: An hydrischen Momenten hat es im Bareiss so wenig Mangel wie an Abwechslung für große und für kleine Gäste, denen ein Ferienprogramm zur Verfügung steht, das

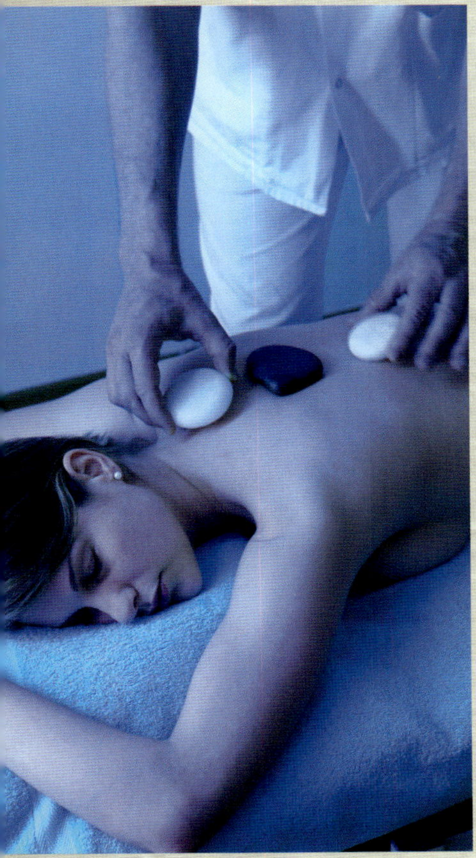

man, zieht man alle Abgegriffenheit der Wendung nur ab, ruhig bunt nennen kann, in so viel Tinten leuchtet das Prisma der freizeitlichen Farben. Man kann wandern, radeln, golfen, mit dem Oldtimer ausfliegen, jagen, angeln, in der Shoppingpassage bummeln, in der hauseigenen Bibliothek lesen, Konzerte und literarische Lesungen hören. Oder einfach seine Ruhe haben, für sich sein, sinnieren und braucht sich nicht einmal um die Kinder zu kümmern, weil die den ganzen schönen Ferientag lang in der Kindervilla Kunterbunt spielen. Und auch essen: Nudeln mit roter Sauce.

Apropos: essen. Das spielt im Bareiss eine nicht gerade geringe Rolle. Denn Liebe geht durch den Magen. Auch die Liebe zum Gast. Das ist im Bareiss längst zum geflügelten Wort geworden. In sieben Hotelgastrestaurants kann man Platz nehmen, sich dort im Biedermeierzimmer oder im Wintergarten gütlich tun, an Diners au Champagne oder an italienischen, asiatischen oder schwäbischen Buffets. Oder man lässt sich in einem der drei À-la-carte-Restaurants nieder: In den Dorfstuben, wo es den Speckpfannkuchen zum frisch gezapften Pils gibt oder den Wurstsalat mit einem *reschen* Viertele. Oder in der Kaminstube, wo immer die Sonne scheint, auch wenn's draußen regnet. Weil nämlich das Ambiente ganz so ist, als sei man im Land, wo die Zitronen blüh'n, was Goethe gar nicht schöner hätte dichten können. Und als der guten Dinge Drittes gibt es, Gipfel des Genießens, das Restaurant Bareiss: Hier sitzt und speist man, als sei man wie der liebe Gott in Frankreich. Jedenfalls kann man das kriegen, dieses Gefühl.

Gefühle indes werden vor allem von Menschen vermittelt, die – hier im Restaurant Bareiss und im ganzen Haus – ein bemerkenswertes Empfinden von *Dolce far niente* schaffen. Und das nicht nur in der süßen Gestalt von Pralinen und Petits fours, von Torten und Kuchen, die ein Menü beschließen oder eine Collation für den Nachmittag darstellen. Sondern diese Gastgeber sorgen, neben ihrer Kompetenz, mit ihrem delikaten Feingefühl dafür, dass der Gast aller Sorgen ledig sein, die Ferien unbeschwert genießen kann in süßem Nichtstun, egal, was er tut.

Valrhona-Schokolade mit glasierten Kirschen

ZUTATEN FÜR 4 PERSONEN

SCHOKOLADENCREME: 160 g Sahne · 160 ml Milch · 30 g Zucker · 2 Eidotter · 1 Blatt Gelatine · 125 g Guanaja (Kuvertüre mit 70% Kakaoanteil von Valrhona)

SCHOKOLADENBISKUIT: 100 g Guanaja · 50 g Butter · 2 Eier · 50 g Puderzucker

NOUGATBODEN: 200 g Nougat · 70 g Pailleté feuilletine

SPRITZSCHOKOLADE: 200 g Kakaobutter · 100 g Guanaja

SONSTIGES: 16 Kirschen · Zucker · Kirschsaft · Kirschwasser · Blattgold · Absolu nappage von Valrhona

Zubereitung

SCHOKOLADENBISKUIT: Guanaja und Butter im Wasserbad schmelzen. Eier trennen und die Dotter in die Schokoladenmasse einrühren. Eiweiß und Zucker zu Schnee schlagen und unterheben. Bei 190 °C rasch backen.

CREME: Milch und Sahne aufkochen. Eidotter und Zucker verrühren. Beide Massen mischen und auf 84 °C erhitzen. Die Schokolade und die Gelatine einrühren.

Einen Rahmen (16 x 12 cm) mit Schokoladenbiskuit auslegen.
Nougat auflösen und mit den Pailleté feuilletine vermischen. Eine dünne Schicht auf den Schokoladenbiskuit streichen. Creme darauffüllen und kalt stellen.
Die Schokoladenschnitte in 16 x 3 cm Rechtecke schneiden, diese dann diagonal halbieren und anfrosten. Eine Hälfte mit Nappage glasieren die andere Hälfte mit der Spritzschokolade besprühen.

KIRSCHEN: Zucker leicht karamellisieren und mit Kirschsaft ablöschen. Den Saft einkochen lassen. Etwas Kirschwasser zufügen und weiter reduzieren. Dann die halbierten Kirschen durch den Fond ziehen. Bei 4 Kirschen mit Stiel vorsichtig den Kern von unten entfernen, so dass die Form der Kirschen nicht zerstört wird. Diese dann ebenfalls durch den Fond ziehen.

Fertigstellung

Je eine glasierte und eine abgespritzte Schokoladeschnitte auf den Teller legen.
Links und rechts neben die Schokolade jeweils 3 glasierte Kirschhälften legen.
Die ganze Kirsche auf die Schnitte und das Blattgold darauf legen.

Weinempfehlung *Süß und zartbitter sind hier ein Muss, auch beim Wein:*
Muscat de Rivesaltes Ambre · Mas Brial · Roussillon

Kalamansitörtchen mit Zitronenthymian-Eis

ZUTATEN FÜR 4 PERSONEN

TÖRTCHEN: 60 g Kalamansisaft ⁜ 40 g Crème fraîche ⁜ 2 Eidotter ⁜ 15 g Zucker ⁜ 8 g Cremepulver ⁜ 1 ½ Blatt Gelatine ⁜ 2 Eiweiß ⁜ 40 g Zucker ⁜ 8 g Glukose ⁜ Wasser ⁜ Melonenkugeln

DEKORBISKUIT:
HELL: 200 g Marzipan ⁜ 150 g Eier ⁜ 30 g Mehl ⁜ 20 g Butter ⁜ 100 g Eiweiß ⁜ 15 g Zucker
DUNKEL: 60 g Butter ⁜ 40 g Mehl ⁜ 15 g Kakao ⁜ 60 g Puderzucker ⁜ 40 g Eiweiß

EIS: 150 ml Milch ⁜ 150 g Sahne ⁜ 50 g Zucker ⁜ 10 g Zitronenthymian ⁜ 1 g Verveine ⁜ 2 Limetten ⁜ 2 Eidotter ⁜ 20 g Zucker

Zubereitung

DEKORBISKUIT (DUNKEL): Butter und Puderzucker schaumig rühren. Eiweiß zu Schnee schlagen und unter die Butter rühren. Das Mehl und den Kakao einmelieren. Dekormasse mit der Hilfe einer Schablone auf ein Backpapier streichen und einfrieren.

DEKORBISKUIT (HELL): Marzipan und Eier mixen, bis eine homogene Masse entsteht. Zucker und Eiweiß aufschlagen. Den Schnee unter die Marzipanmasse heben und das Mehl und die flüssige Butter einmelieren.
Helle Masse über die dunkle Masse streichen und bei 190 °C backen.

TÖRTCHEN: Kalamansisaft, Crème fraîche, Eidotter, Zucker und Cremepulver aufkochen und abziehen. Zucker, Wasser und Glukose auf 120 °C kochen und in das aufgeschlagene Eiweiß rühren. Kalt schlagen. Gelatine in der heißen Kalamansimasse auflösen und das Eiweiß unterheben. In mit Dekorbiskuit ausgelegte Formen füllen und kalt stellen.

EIS: Sahne, Wasser, Zucker, Zitronenthymian und Verveine aufkochen lassen und 10 Minuten ziehen lassen. Masse abseihen und den Limettensaft zufügen. Eidotter und Zucker verrühren und beide Massen mischen. Zur Rose abziehen und frieren.

Fertigstellung

Das Törtchen in die Mitte setzen. Die eingelegten Melonenkugeln verteilen. Eine Nocke Zitronenthymian-Eis auf das Törtchen setzen und garnieren.

Weinempfehlung *Sehr spannend sind hier kräftig-saftige Dessertweine mit ausgeprägtem Aroma:*
2001 Würzburger Stein ⁜ Morio-Muskat Beerenauslese ⁜ Weingut am Stein ⁜ Franken

Karamellisierte Mascarponetarte mit Zwetschgen

ZUTATEN FÜR 4 PERSONEN

10 Zwetschgen · Zucker · Apfelsaft · kleine Zimtstange · Armagnac · brauner Zucker

MÜRBTEIG: 100 g Mehl · 30 g Puderzucker · 50 g Butter · 20 g Vollei · ½ Vanilleschote

MASCARPONEMASSE: 250 g Mascarpone · 50 g Zucker · 30 g Vollei · ½ Vanilleschote · 7 g Cremepulver

VANILLEEIS: 100 ml Milch · 100 g Sahne · 45 g Zucker · ½ Vanilleschote · 2 Eidotter

Zubereitung

MÜRBTEIG: für den Teig alle Zutaten miteinander vermengen und zu einem Teig kneten. Den Teig etwa eine Stunde kalt stellen. Dann den Mürbteig ca. 2 mm dick ausrollen und die Formen damit auslegen. Die Förmchen dann wieder für ca. 1 Stunde in den Kühlschrank stellen und dann bei 180 °C goldgelb backen.

MASCARPONEMASSE: für die Tartefüllung alle Zutaten mit einander verrühren, bis eine schöne glatte Masse entsteht.
Die Masse in die vorgebackenen Mürbteigtartes füllen und bei 180 °C ca. 10 bis 12 Minuten backen. Tartes aus dem Ofen nehmen und abkühlen lassen.

VANILLEEIS: für das Eis die Milch, Sahne und das Mark der Vanilleschote aufkochen. Die Eidotter und den Zucker schaumig rühren. Beide Massen mischen und zur Rose abziehen. Vanilleeis in der Eismaschine frieren.

ZWETSCHGEN: Zwetschgen halbieren. Etwas Zucker karamellisieren und mit Apfelsaft ablöschen. Die halbierten und entkernten Zwetschgen dazugeben. Eine kleine Zimtstange zufügen und den Fond langsam köcheln lassen. Nach ca. einer halben Stunde den Fond passieren. Den Fond mit etwas Armagnac reduzieren und in Spalten geschnittene Zwetschgen darin glacieren.

Fertigstellung

Die Mascarponetarte mit braunem Zucker bestreuen und mit dem Burner karamellisieren. Die Zwetschgen um die Tarte verteilen und eine Nocke Vanilleeis auf die Tarte setzen.

Weinempfehlung *Ein saftiger, voller Süßwein mit Würze und Schmelz ist eine gelungene Kombination: 1994 Burkheimer Feuerberg · Gewürztraminer Beerenauslese · Weingut Bercher · Kaiserstuhl*

Valrhona-Schokolade mit Passionsfrucht

ZUTATEN FÜR 4 PERSONEN

SCHOKOLADEMOUSSE: 20 g Eidotter · 15 g Zucker · 15 ml Wasser · 50 g Guanaja (Kuvertüre mit 70% Kakaoanteil von Valrhona) · 100 g Sahne

SCHOKOLADERÖLLCHEN: 100 g Guanaja · 4 Folienstreifen (10 x 12 cm)

PASSIONSFRUCHTCREME 60 g Passionsfruchtmark, gesüßt · 50 g Sahne · 1 Blatt Gelatine · Vanilleschote · Wodka

SPRITZSCHOKOLADE: 100 g Kakaobutter · 100 g Ivoire

PASSIONSFRUCHTSAUCE: 100 g Passionsfruchtsaft · 50 ml Wasser · 40 g Zucker · 1 Vanilleschote · Stärke

Zubereitung

SCHOKOLADERÖLLCHEN: die Kuvertüre auflösen und dünn auf die Folien streichen. Die Folien einrollen und fixieren.

SCHOKOLADEMOUSSE: Zucker und Wasser aufkochen. Die Eidotter aufschlagen und den Zucker einrühren. Masse kalt schlagen. Die Kuvertüre schmelzen und in die Dottermasse einrühren. Die geschlagene Sahne unterheben. Mousse in vorbereitete Schokoladeröllchen bis zur Hälfte einfüllen.

PASSIONSFRUCHTCREME: Passionsfruchtmark mit der in Wodka aufgelösten Gelatine verrühren. Das Vanilleschotenmark einrühren. Die geschlagene Sahne unterheben. Die Creme auf die Schokolademousse füllen und tiefkühlen. Den Turm mit der Spritzschokolade abspritzen.

PASSIONSFRUCHTSAUCE: Saft, Wasser, Zucker und das Vanilleschotenmark aufkochen. Stärke mit etwas von dem Passionsfruchtsaft anrühren und die Sauce damit leicht binden.

Fertigstellung

Den Teller ganz mit der Passionsfruchtsauce ausgießen und den Turm in die Mitte stellen.

Weinempfehlung *Aromareiche Weine mit wenig Säure harmonieren sehr gut:*
2002 Muscat de Beaume de Venise · Domaine de Durban · Rhône

Mille-feuille von zweierlei Äpfeln

ZUTATEN FÜR 4 PERSONEN

1. ART: 4 Gala-Äpfel · Apfelsaft · Butter · Zucker

2. ART: 3 Boskop-Äpfel · Zucker · Apfelsaft

ZIMTCREME: 1 Ei · 30 g Zucker · 125 g Mascarpone · 1 Blatt Gelatine · 90 g Sahne · Zimt

AUSSERDEM: Strudelteig

Zubereitung

1. ART: Äpfel schälen und um das Kerngehäuse abschneiden. Zucker karamellisieren und mit Apfelsaft ablöschen. Die Butter zufügen und etwas einkochen lassen. Apfelspalten einlegen und im Backofen schmoren.

2. ART: Äpfel schälen und Kugeln ausstechen. Zucker karamellisieren und mit Apfelsaft ablöschen. Die Äpfel in den Saft geben und weich dünsten.

ZIMTCREME: Ei und Zucker schaumig schlagen und das Mascarpone einrühren. Die Gelatine auflösen und unterrühren. Zimt und die geschlagene Sahne einrühren. Kalt stellen.

MILLE-FEUILLE: Strudelteig in 11 x 4,5 cm große Rechtecke schneiden. Silpatmatte mit Staubzucker bestreuen und die Blätter drauflegen. Blätter mit Staubzucker bestreuen und eine weitere Silpatmatte drauflegen. Im Ofen bei 180 °C karamellisieren.

Fertigstellung

Strudelteigblatt in die Mitte des Tellers legen. Darauf die geschmorten Äpfel verteilen, dann wieder ein Strudelteigblatt. Die Apfelkugeln als zweite Schicht auflegen. Dann wieder ein Strudelteigblatt. Die Zimtcreme aufdressieren und mit einem Strudelteigblatt abschließen.

Weinempfehlung *Riesling und Apfel gehören unweigerlich zusammen:*
1997 Mehringr Blattenberg · Riesling Auslese „S" · Weingut Heinz Schmitt · Mosel

Kreation von Nougat und Karamell

ZUTATEN FÜR 4 PERSONEN

MOUSSE: 200 g Praliné 50% (Valrhona) · 200 g Sahne · 2 Blatt Gelatine · Grand Marnier

SCHOKOLADENBISKUIT: 85 g Guanaja (Kuvertüre mit 70% Kakaoanteil von Valrhona) · 110 g Butter · 3 Eier · 110 g Zucker · 90 g Mehl

EIS: 1 Ei · 1 Eidotter · 75 g Kristallzucker · 125 ml Milch · 125 g Sahne · ½ Vanilleschote · 15 g Kristallzucker · 25 g Crème fraîche · 25 ml Wasser

AUßERDEM: 100 g Guanaja · Folienstreifen · Absolu nappage (Valrhona)

Zubereitung

SCHOKOLADENBISKUIT: Guanaja und Butter schmelzen. Eier, Zucker und Mehl verrühren. Die Schokoladenbutter einrühren und verrühren. Die Masse aufstreichen und bei 190 °C ca. 10 bis 12 Minuten backen.

MOUSSE: Praliné mit einem Drittel der Sahne verrühren und dann die in Grand Marnier aufgelöste Gelatine einrühren. Restliche Sahne unterheben. Folienstreifen mit Kuvertüre bestreichen und Ringe damit auslegen. Eine Scheibe Schokoladenbiskuit in den Ring legen. Das Mousse auf den Biskuit füllen. Mousse mit Nappage glacieren.

EIS: Kristallzucker zu Karamell schmelzen und die gewünschte Farbe geben. Mit dem Wasser ablöschen. Die Sahne, Milch und Vanilleschotenmark dem Karamell zufügen. Die Eier und Eidotter mit dem Zucker schaumig schlagen und mit der Karamellmilch mischen. Die Crème fraîche einrühren und die Masse passieren. Das Eis frieren.

Fertigstellung

Mit Schokolade das Ornament auf den Teller spritzen. Die Nougatmousse auf den Teller setzen. Eine Nocke Karamelleis abstechen und neben der Mousse platzieren.

***Weinempfehlung** Kräftige, ausgeprägte Süßweine sind hier ideal:*
2001 Latinia · Santadi · Sardinien

Schokoladensavarin mit Pralinennougat und Aprikosen

ZUTATEN FÜR 4 PERSONEN

SCHOKOLADENSAVARIN: 20 g Butter · 50 g Guanaja (Kuvertüre mit 70% Kakaoanteil von Valrhona) · 40 g Eiweiß · 10 g Zucker · 20 g Eidotter

PRALINENNOUGAT: 100 g Praliné von Valrhona · 100 g Sahne · 1 Blatt Gelatine · Grand Marnier

MILLE-FEUILLE: Maisteig · Puderzucker · Kakao · Butter

VANILLESAUCE: 100 ml Milch · 100 g Sahne · 3 Eidotter · 45 g Zucker · ½ Vanilleschote

SONSTIGES: 6 Aprikosen · Zucker · Apricot Brandy · Aprikosenmark

Zubereitung

SCHOKOLADENSAVARIN: Butter und Schokolade schmelzen. Den Eidotter einrühren. Eiweiß mit dem Zucker zu Schnee schlagen und unter die Schokoladenmasse rühren, bis ein seidiger Glanz entsteht. Masse in gebutterte und bemehlte Savarinformen füllen. Den Savarin einfrieren. Den gefrorenen Savarin bei 200 °C ca. 8 Minuten backen. Die Masse sollte nur stocken.

PRALINENNOUGAT: die eingeweichte Gelatine in etwas Grand Marnier auflösen. Einen Teil der geschlagenen Sahne unter den Pralinennougat rühren. Dann die aufgelöste Gelatine einrühren und den Rest der Sahne unterheben. Kalt stellen.

MILLE-FEUILLE: für das Mille-feuille den Maisteig mit flüssiger Butter bestreichen und mit einem Gemisch aus Puderzucker und Kakao (1:1) bestreuen. Ein weiteres Blatt Maisteig darauf legen und fest drücken. Mit einem Ausstecher mit 4 cm Durchmesser ausstechen. Die Scheiben auf ein Blech mit Backpapier legen und wieder mit flüssiger Butter bestreichen. Auf den Maisteig wieder ein Blatt Backpapier legen, damit die Blätter gerade bleiben.

APRIKOSEN: die Aprikosen schälen und halbieren. Aprikosenmark mit etwas Zucker und Apricot Brandy aufkochen. Die Aprikosenhälften darin einlegen und weich dünsten.

VANILLESAUCE: die Milch, Sahne und das Vanilleschotenmark aufkochen. Die Eidotter und den Zucker schaumig rühren. Beide Massen mischen und zur Rose abziehen.

Fertigstellung

Den Savarin auf den Teller stürzen und in der Mitte die Vanillesauce einfüllen. Das Mille-feuille mit dem Nougatmousse und den Maisteigblättern zusammenbauen. Die Aprikosen in einer Reihe auf den Teller legen.

Weinempfehlung *Hier sollte ein Wein mit einem großen Spannungsbogen gewählt werden:*
2001 Orange Muskat Essenzia · Quady's · Kalifornien

Nur eines zählt: das Beste für den Gast

Die *conversatio morum* ist eine der benediktinischen Regeln. Im Bareiss hält man sich an sie. Auch wenn das Bareiss natürlich nichts weniger als ein Kloster, sondern vielmehr eines der besten Hotels in Europa ist. Aber vielleicht ist es das, weil es sich eben an die Regel der *conversatio morum* hält: ans Streben nach Vollkommenheit. Auch wenn es, von Mensch zu Mensch gesprochen, zur *conditio humana* gehört, dass dem Menschen nichts Vollkomm'nes ward – aber immerhin, man kann sich ja strebend darum bemühen.

Im Bareiss tut man das. Spitzenqualität und Spitzenleistung in allen Bereichen zu bieten, ist während des lieben langen Tages das Gebot der Stunde, ist während eines ganzen langen Jahres die Forderung jeden Tags. Schon am Morgen geht's los. Da wird dem Gast, der seine Schuhe zur Reinigung vor die Tür stellte, das edle Leder seines Schuhwerks gewienert, dass es eine Art hat. Blitzeblank, dass man sich darin spiegeln könnte, findet er sie nach vollzogener Reinigung vor und damit bestätigt, was ihm ein Hinweis am Schuhkorb in eben blitzeblanke Aussicht gestellt hatte: „Liebe Gäste! Dieser Korb dient als Ablage für die perfekte Reinigung Ihrer Schuhe, die am frühen Morgen für Sie geputzt werden, wenn Sie diese mit dem Korb abends vor die Zimmertür stellen."

Um zu solcher Perfektion zu gelangen, bedarf es, erstens, des Wollens und Strebens darum, und, zweitens, fähiger und tüchtiger Mitarbeiter, die sich, welch treffendes Bild, den Schuh anziehen, das Beste aus sich und aus ihrem Beruf zu machen, immer zum immer größeren Vorteil des Gastes.

Neben der Kompetenz und Identifikation der Mitarbeiter, um es, nicht restlos elegant, im Führungsdeutsch leitender Angestellter auszudrücken, bedarf es der Spitzenqualität von Spitzenprodukten, um auf der Zielgeraden zur Perfektion zu gelangen – nicht einmal der beste Fahrer hat je mit einem Trabi ein Formel-1-Rennen gewonnen. Wenn also das Restaurant Bareiss zu den deutschen Spitzenrestaurants zählt, dann nicht nur, weil Claus-Peter Lumpp ein außerordentlich guter Koch ist. Sondern auch, weil ihm, dies nur zum Beispiel, für das Mille-feuille von der Gänsestopfleber, den lauwarmen Hummer mit Kürbischutney oder die Wildentenbrust im Nussmantel die besten Produkte zur Verfügung stehen. Weil die Gäste seine Gerichte in einer Umgebung essen, deren Distinktion und Geschmack dem Rang und der Klasse der Grande Cuisine entspricht – weniger als Silber von Christofle und Porzellan der Königlich Preußischen Porzellanmanufaktur darf es nicht sein. Und weil ihm, nicht zuletzt, im Service Kollegen zuarbeiten, die die Besten ihres Fachs sind: Maître Thomas Brandt wurde letzthin zum „Restaurantdirektor des Jahres" gekürt, Sommelier Jürgen Fendt gewann als offiziell „Bester Sommelier Deutschlands" den wichtigsten und angesehensten Wettbewerb seiner Zunft.

Und was fangen die im Restaurant Bareiss nun mit all diesen Superlativen an, die sie sich nicht selbst verleihen? Sie stellen sie in den Dienst des Gastes. Das ist das Allerbeste.

Humorist und Kenner von Graden: Sommelier Jürgen Fendt

Ein Leben ohne Musik ist ein Irrtum.

Wir unterstellen es der Toleranz Friedrich Nietzsches einmal, den Philosophen des Dionysischen, dass er gegen eine Variation seines bekannten Diktums mutmaßlich nur wenig einzuwenden gehabt haben würde und sagen also: Ein Leben ohne Wein ist ein Irrtum.

Auf jeden Fall ist eine Einkehr im Restaurant Bareiss ohne Wein wenn nicht ein Irrtum, so doch nur ein halber Genuss. Und halbe Sachen, die machen wir nicht. Hermann Bareiss macht ja auch keine halben Sachen: Zur Großen Küche gehören große Weine, und die gehören in einem richtigen Weinkeller gehörig gelagert.

Das heißt in Zahlen und Namen: 800 Weine stehen auf der Karte, die dem Gast im Gourmetrestaurant des Hotels gereicht werden. 18.000 Flaschen liegen, nach Weiß- und Rotwein, Champagner und Süßwein geschieden, bei einer Luftfeuchtigkeit von 75% zwischen 9° und 16° in einem eigenen Weinkeller, dessen Holzregale naturbelassen verarbeitet wurden, damit die Sensorik der atmenden Bouteillen keine Beeinträchtigung oder gar Schaden erleidet.

Was hier in den Gewölben lagert, akuratest auf Schiefertäfelchen ausgezeichnet jede einzelne der 800 Positionen, gehört zum Besten und Feinsten, was der Liebe Gott in den Wingerts der großen weiten Weinwelt wachsen und gedeihen lässt. Keiner der Namen fehlt, die ein Zecherherz höher schlagen lassen: Da liegt, König der Könige unter den Rebsorten der Welt, der Riesling in mancherlei Abfüllung von Rang, die Mosel voran, sei es von Prüm oder Haag oder Müller. Da ruhen die Säfte aus Burgund und Bordeaux, die Latour und La Tache, die Lafite und Romanée Conti, Ausone und Armand Rousseau. Italien glänzt mit allen kennens- und genießenswerten Jahrgängen von Fontodi, Portugal ist vertreten durch die Quinta de Santa Eufemia, die Neue Welt entdeckt man mit Jasper Hills, Niemandsland betritt, wer sich dem jüngsten Jahr des Poire „Granit" von Eric Bordelet hingibt (das Niemandsland liegt in diesem Falle in der Normandie). Wer nach Schaumwein lechzt, der labt sich am 1997 Spätburgunder Prestige Blanc de Noirs brut (Raumland). Wenn's dem süßen Beschlusse gilt, wählt man vielleicht die 2001 Cuvée Beerenauslese vom Star-Neusiedler Pasler. Dem Willkomm dient zur Lust der ganze Sherryspiegel von Lustau. Und wer am Ende möchte, entzieht sich nicht den digerierenden Effekten der Destillate von Grutzler, vorzugsweise die Schwarze Johannisbeere 2003.

Herr über dieses ganze große Reich ist Sommelier Jürgen Fendt. Sein Weinwissensdurst ist schier nicht zu stillen, seine Erkenntnisse, seine Erfahrung sind, ist man nur wenige Sätze ins Gespräch gekommen, einschüchternd. Wenig entgeht ihm, was ein Mann seines Schlags wissen sollte. Alles weiß er, was er hier hortet und hütet, um es zum richtigen Zeitpunkt an den richtigen Gast gelangen zu lassen. Was aber ist der richtige Zeitpunkt, und wer der richtige Gast?

Da geraten wir ins Psychologische und Situative.

Das Seelenkundliche angehend, hat Jürgen Fendts Feingefühl einzuschätzen, wen er berät oder wer nicht beraten werden will oder beraten zu werden braucht. Hat er den Wein-Fex vor sich, den Connaisseur, dem er

nichts mehr erzählen muss, weil der alles selber kennt? Hat er es mit dem Neugierigen zu tun, der offen ist für alles, was seine Erfahrung bereichert? Ist es ein Traditionalist und Nostalgiker, der auf Bewährtes und Bekanntes setzt? Ist es ein Kontrapunkt-Trinker, der aromatische Alternativen zum Menü vorzieht? Ist es der Ton-in-Ton-Trinker, der eine sensorische Korrespondenz zur Küche sucht? Ist es der Ahnunglose, der hingeführt werden will auf des Bacchus' verschlungene Pfade? Ist es der Renommist, der Frau oder Freundin einmal vorführen will, was er im Kopf oder im Geldbeutel hat? Oder hat der Überglückliche Platz genommen, den kein Wein dieser Welt ablenken kann vom Glück, das mit ihm Platz genommen hat, sei es eine Frau, sei es ein Mann?

Dies alles will erspürt und bedacht sein, wenn es zu raten gilt. Dass Fendt einem je einen Rat schuldig geblieben wäre, das haben wir bis jetzt nicht erlebt. Denn Fendt ist nicht nur ein Kenner von schwer schlagbarer Kompetenz. Er ist auch ein Schelm und hat Humor. Er verfügt also nicht nur über eine hohe Trefferquote, dem Gast zu bringen, was ihm der allerhöchsten Wahrscheinlichkeit nach schmeckt und was die Lumpp'sche Küche adäquat sekundiert. Sondern er hat auch Witz, mit Entlegenem aufzuwarten, mit Abenteuerlichem, mit Tropfen, die sich auf den ersten Schluck so gar nicht erschließen, sondern die allmählich ertrunken, ja, erobert werden wollen und die sich, es ist noch nicht anders gewesen bis zu dieser Stunde, als perfekt gewählte Begleiter zum Essen erweisen.

Dazu wird dem Gast eine Lektion erteilt, ohne dass er das eigentlich merkt und sich dessen bewusst, dass er einer Lektion also störend oder gar, wir müssen das oben Gesagte korrigieren, einschüchternd gewahr würde. Denn diese Lektionen, die keine sind, erteilt Jürgen Fendt wie von ungefähr und im Nebenbei. Ein Informatiönchen hier, ein Hinweislein dort, keine geballte Ladung, deren Wissenswucht den Gast erschlüge. Sondern klug und bekömmlich dosiert kommen all diese vinologischen Geistesblitze seitens ihres Spenders erhellend über den Gast, fern aller Besserwisserei und Neunmalklugheit, sondern mit jener überlegenen Selbstverständlichkeit, die keinen Dünkel kennt, weil sie keinen nötig hat. Und weil es auch gar nicht in Jürgen Fendts Natur liegt, den Würdebold und Alleswisser herauszukehren, der er beides nicht ist.

Wer ist er denn, der Jürgen Fendt?
Wer ist der Mensch hinter dem Mann?

Kann man sich vorstellen, dass, wer ein Weinfreund ist, kein Menschenfreund sei? Das kann man nicht. Es passte auch nicht zum Charakterbild des Humoristen und Schelmen, der zugleich eine gute Portion Schlagfertigkeit besitzt, die Jürgen Fendt einmal auf die Frage eines Regisseurs, welches denn die größte Flasche im Hause sei, die Antwort geben ließ, sie stehe vor ihm, die größte Flasche vorm Regisseur. Nun muss man aber nicht meinen, Fendt nähme alles lustig und leicht. Wer alle wichtigen Wettbewerbe mit großem und größtem Erfolg absolviert hat, wer vom gestrengen Gault Millau zum „Sommelier des Jahres" gewählt wurde, der nimmt die Hürden, die auf dem Weg zu solchen Erfolgen liegen, nicht im Mir-nichts-dir-nichts. Fendt ist ungemein fleißig, opferte der Karriere viel freie Zeit, kam herum in der Weinwelt, kam mit vielen Menschen zusammen, die seine Kenntnisse und seinen Charakter prägten. Toleranz gehört zu diesem Charakter unbedingt dazu, gelten und gelten lassen, Sportsgeist, ohne es aktiv damit zu übertreiben, Fendt schwimmt und sieht gern American Football. Sieht ansonsten aber aus Überzeugung nicht gern fern, weil die televisionäre Überflutung und Verdummung für ihn nicht auszuhalten ist.

Und natürlich trinkt er gern Wein. Vorzugsweise feinfruchtige Rieslinge von der Mosel-Saar-Ruwer, trockene Rieslinge und Burgunder aus der Pfalz; Pinot noir aus der ganzen Welt, wenn sie gut sind.

Cassolette vom bretonischen Hummer mit Fèves

ZUTATEN FÜR 4 PERSONEN

2 bretonische Hummer à 600 g · 1 kg Fèves · 1 EL Tomaten concassées · 4 Blätter Strudelteig je 10 x 10 cm · 1 EL Karotten und Zucchiniwürfel · Hummerfond · Chilisauce · Hummersauce · Butter · Schalotten · Knoblauch · Kräuter der Provence · Olivenöl · Thymian · Salz & Pfeffer

Zubereitung

Die Hummer in reichlich Salzwasser 4 Minuten abkochen, herausnehmen und die Scheren abbrechen und nochmals 3 Minuten nachkochen, anschließend Hummer, Gelenke und Scheren ausbrechen. Das Fleisch der Hummergelenke klein hacken.
Fèves aus der Schale ausbrechen und die Kerne anschließend in kochendem Salzwasser blanchieren, in Eiswasser abschrecken und die graue Haut der Bohnenkerne entfernen.

HUMMERSTRUDEL: Karotten und Zucchini in Butter anschwitzen, gehackte Hummergelenke dazugeben und mit Hummerfond und Chilisauce ablöschen, komplett einreduzieren lassen.
Nun die Strudelteigblätter mit flüssiger Butter einstreichen und mit der Hummermasse füllen.

Fertigstellung

In Butter und Olivenöl die Bohnenkerne mit etwas Schalotten, Knoblauch und Kräutern der Provence anschwitzen, Tomaten dazugeben und mit Salz & Pfeffer abschmecken.
Die Hummerstrudel in heißem Butterschmalz knusprig ausbacken und anschließend auf einem Küchenpapier abtropfen lassen und mit etwas Salz würzen.
Hummer mit etwas Olivenöl, Knoblauch und Thymian in einer Pfanne langsam erwärmen, Sauce aufmixen und anrichten.

Weinempfehlung *Klassisch ausgebaute markante Weine sind hier der besondere Tipp:*
2001 Ihringer Winklerberg · Grauburgunder Spätlese trocken · Weingut Stigler · Kaiserstuhl

Crépinette vom Rebhuhn und Gänsestopfleber

ZUTATEN FÜR 4 PERSONEN

FÜR DAS REBHUHN: 2 Rebhühner (küchenfertig) ✣ 100 g Gänsestopfleber ✣ 8 blanchierte Spinatblätter ✣ Salz & Pfeffer ✣ 100 g Geflügelfarce ✣ 100 g Schweinenetz

FÜR DIE SAUCE: 100 g Röstgemüse ✣ ⅛ l Sauternes ✣ 2 EL Madeira ✣ 1 EL Honig ✣ 1 Rosmarinzweig ✣ 1 l Geflügelfond ✣ 1 EL Cognac ✣ 1 Lorbeerblatt ✣ Salz & Pfeffer

FÜR DIE GARNITUR: kernlose abgezogene Trauben ✣ Weißbrot-Croûtons ✣ Trüffelwürfel

BEILAGE: Kartoffelmousseline ✣ 4 EL Champagnerkraut

Zubereitung

Das Rebhuhn auslösen. Aus den Karkassen (Knochen) und Parüren (Abschnitte) die Sauce ansetzen und mit den restlichen Saucezutaten auf ein Drittel einkochen lassen.
Die Sauce passieren, dann mit Salz & Pfeffer abschmecken.
Das Fleisch der Keulen und Innereien für das Ragout in kleine Würfel schneiden.
Die Gänsestopfleber in 4 Stifte à 15 g schneiden und in die Spinatblätter einwickeln.
In die Rebhuhnbrust längs eine Tasche einschneiden und leicht plattieren, mit Salz & Pfeffer würzen und dünn mit Geflügelfarce bestreichen. Den Gänsestopfleberkern in die Tasche einlegen, mit der Geflügelfarce verschließen und in das Schweinenetz einschlagen.
Mit Salz & Pfeffer würzen. Die gefüllte Rebhuhnbrust anbraten und im Backofen bei 200 °C in etwa 10 Minuten rosa braten.

Fertigstellung

Kartoffelmousseline mit 4 EL Champagnerkraut montieren.
Das Rebhuhnragout anbraten und mit 4 EL Rebhuhnsauce ablöschen und anschließend glacieren, kurz vor dem Anrichten die Trüffelwürfel, Croûtons und Weintrauben dazugeben.
Nun die gefüllte Rebhuhnbrust der Länge nach aufschneiden, Kartoffelmousseline und Rebhuhnragout anrichten, gefüllte Brust auflegen und mit Sauce fertig stellen.

Weinempfehlung *Sehr feine Burgunder:*
1996 Vosné-Romanee ✣ Domaine Jacques Cacheux ✣ Burgund

Variation vom Rehkitzrücken

ZUTATEN FÜR 4 PERSONEN

2 kleine Rehkitzrücken à 800 g ◈ Wildfarce ◈ 1 EL Croutons ◈ 2 EL gehackte und ansautierte Waldpilze ◈ 4 Shiitakepilze ◈ 8 große Blätter blanchierten Spinat ◈ 2 Strudelblätter ◈ Schweinenetz ◈ 250 g Waldpilze ◈ Schlagsahne ◈ ½ TL gehackter Thymian ◈ 1 EL Schnittlauch ◈ 1 EL Schalottenbrunoise ◈ Salz & Pfeffer ◈ Butter

WILDFARCE: 200 g Rehrücken ◈ 200 ml Sahne ◈ 1 Ei ◈ 50 g Gänsestopfleber ◈ Wildgewürz

Zubereitung

◈ WILDFARCE: Rehfleisch wolfen, in einem gut gekühlten Küchenmixer das zerkleinerte Rehfleisch mit dem Ei und der Gänsestopfleber anmixen, mit Salz & Pfeffer und etwas Wildgewürz (Rezept siehe Rehkitzrücken) würzen, anschließend mit hoher Geschwindigkeit Sahne einmixen, bis eine geschmeidige Wildfarce entstanden ist, die Farce durch ein Haarsieb streichen und nochmals abschmecken.

Rehkitzrücken auslösen und parieren. Aus den Knochen Rehjus herstellen.

◈ STRUDEL: Spinatblätter zu einer Matte legen und dünn mit Farce bestreichen, Rehkitzfilets würzen und in den Spinat einrollen, nun die Rehkitzfilets in gebutterten Strudelteig einschlagen und kalt stellen.

◈ CRÉPINETTE: Vom Rehkitzrücken acht Scheiben à 10 g schneiden und vorsichtig plattieren, Wildfarce mit Croutons und Waldpilzen mischen, vier Scheiben mit je einem EL Farce bestreichen und die anderen vier Scheiben auflegen, Seiten glatt verstreichen, Shiitakepilze in Scheiben schneiden und die Medaillons mit den Shiitakescheiben belegen, mit Salz & Pfeffer würzen und in Schweinenetz einschlagen.

◈ WALDPILZE: putzen und mehrmals waschen, anschließend trocken legen. Waldpilze in frischer Butter mit Schalottenbrunoise anbraten und mit Salz & Pfeffer würzen, die Kräuter dazugeben und Fond einkochen lassen, mit 3 EL Schlagsahne montieren.

Fertigstellung

Rehkitzrücken rosa braten und mit etwas Rehjus glacieren.
Rehkitzstrudel von allen Seiten kräftig anbraten und im Ofen fertig ziehen lassen.
Rehkitzcrépinettes rosa braten, Schweinenetz vorsichtig entfernen und mit Rehjus glacieren.
Dazu einen ausgehöhlten Serviettenknödel, der mit Aufbruchragout (Ragout aus Herz, Leber und Rehnieren) gefüllt ist, servieren.

Weinempfehlung *Jüngere, saftige Rotweine sind die idealen Begleiter:*
2000 Cuvée Majeure ❧ Domaine du Grand Crès ❧ Corbières

Mosaik von Gänsestopfleber und Périgord-Trüffel

ZUTATEN FÜR 4 PERSONEN ⁘ 600 g Gänsestopfleber ⁘ 1 EL Honig ⁘ 6 g Pökelsalz ⁘ Sauternes ⁘ Portwein weiß ⁘ Salz & Pfeffer ⁘ 100 g Périgord-Trüffel (gegart) ⁘ Kunstdarm ⁘

PORTWEINGELEE: ⁘ 175 ml Portwein rot ⁘ 250 ml Portwein weiß ⁘ 300 ml Sauternes ⁘ 90 ml Madeira ⁘ 100 ml Trüffelsaft ⁘ 25 g Zucker ⁘ 12 Blatt Gelatine ⁘

Zubereitung

Die Gänsestopfleber von den Adern befreien und klein schneiden. Mit etwas Sauternes, Portwein, Honig, Pökelsalz und Salz & Pfeffer marinieren, und über Nacht kühl stellen.
In 60 mm Durchmesser dicken Kunstdarm füllen und bei 65 °C ca.15 Minuten pochieren, danach einen halben Tag kalt stellen.
Trüffel in 2 mm dicke Scheiben schneiden.

⁘ GELEE: Gelatine einweichen, den Rest der Zutaten zusammen aufkochen, die Gelatine nun zu dem Fond geben, anschließend durch ein Spitzsieb passieren und abkühlen lassen.

Fertigstellung

Von der pochierten Gänsestopfleber den Kunstdarm entfernen und mit der Aufschnittmaschine in 16 Scheiben à 4 mm schneiden.
12 Leberscheiben mit dem geschnittenen Trüffel belegen und zu Törtchen zusammenbauen, auf die oberste Scheibe Gänsestopfleber eine schöne ausgestochene Trüffelscheibe legen und das Törtchen ein wenig zusammendrücken und den Rand glatt streichen.
Nun ¼ des Portweingelees 2 mm hoch in ein Blech eingießen, kalt stellen, jetzt die Lebertörtchen auf das Blech setzen, einen 8 cm Ausstecher darüber setzen und nun die Lebertörtchen mit dem restlichen Gelee eingießen. Einen halben Tag kalt stellen, dann Ring entfernen.

Weinempfehlung *Die Fülle des Gerichts wird durch einen fassgereiften Portwein besonders hervorgehoben:*
1985 Colheita ⁘ Quinta da Romaneira ⁘ Douro, Portugal

Von den kleinen Dingen

„Auch kleine Dinge können uns entzücken..."

... heißt es in einer Zeile Paul Heyses, des ersten deutschen Nobelpreisträgers für Literatur, dessen Werke uns heute bezeichnenderweise fast nur noch in der Kleinkunstform der Vertonungen seiner Gedichte bekannt sind. Heyses Vers könnte sich, spekulieren wir das einmal in dichterischer Lizenz, entzündet haben an den vielen Details, die man im Bareiss hegt und pflegt und die nobelpreisverdächtig ihrerseits sind, wenn es denn einen Nobelpreis gäbe für Einfallsreichtum, Phantasie und die *délicatesse* guten Geschmacks.

Ob es das Begrüßungsherz ist, das zum Willkomm des Gastes in leuchtendem Rot die Zimmertür ziert, die Kuppel aus feinstem Milchschaum, die sich über dem Cappuccino wölbt, die frischpoliert und griffbereit am Restauranteingang im Korb liegenden Äpfel, der festlich gerichtete Frühstückstisch, wenn ein Gast Geburtstag hat, die zur leichteren Entnahme der Zahnpasta auf den Kopf gestellte Tube, wenn die leer zu werden im Begriffe ist, die immer frischen roten Rosen, die vor dem Portrait der Hotelgründerin Hermine Bareiss stehen oder das schier unüberschaubare Meer von Blumen- und Blütenrabatten, wenn man bei der Anreise seine Ferieninsel erreicht hat – all das löst in Summe ein Gefühl des Behagens, ja, des Glücks beim Gast aus, der sich in der Gewissheit wiegen kann, hier einen Hort ungetrübter Harmonie gefunden zu haben. Und eine Harmonie, man weiß es, setzt sich nicht nur in der Musik, sondern auch in den Freuden des Alltags, erst recht denen der Ferien aus einer Fülle von Stimmen und Stimmigkeiten zusammen, die im gemeinsamen Erklingen ein Wohlsein erzeugen, von dem man sich wünscht, es könne die Seele immerzu darin baden.

Diese Harmonie verdankt sich keinem Zufall. Ihre Herkunft ist der stilsicher gute Geschmack des Hausherrn. Und ihr Ergebnis des Hausherrn akribische Genauigkeit und Gründlichkeit in der Planung und Durchführung sämtlicher Erlebensbereiche für den Gast und aller Arbeitsplätze hinter den Kulissen. Denn auch dort werden die Details, penibel bis zur Pingeligkeit, beobachtet, was etwa in der Dirndl-Ordnung zum Ausdruck kommt, die vorsieht, dass alle Mädels ein Dirndl im gleichen Dekor tragen, und an jedem der sieben Wochentage ein anderes.

Man muss Hermann Bareiss, den verhinderten Architekten, einmal im Architektengespräch erleben. Wie er, dies zum Beispiel, bis in die Schattengebung der Profile genau, wenn sie einen ihn überzeugenden Deckenabschluss bilden sollen, die Entwürfe selber zeichnet und vorgibt, dass kein Architekt dieser Welt sagen könnte, er habe nicht gewusst, was von ihm gewollt und was für die richtige Atmosphäre eines Raums gewünscht wird.

Erst recht muss man Hermann Bareiss, den ausgebildeten Koch und geborenen Gastgeber, einmal erlebt haben, wenn er atmosphärisch und konzeptionell Regie im Restaurant Bareiss führt, wenn er zusammen mit Claus-Peter Lumpp überlegt, wie das Genusserlebnis der Grande Opéra gastronomique für den Gast in wortwörtlich: aller Hinsicht noch gesteigert werden kann. Kein Detail, das ihm da nicht wichtig wäre: Das Arrangement des Blumen-Tischschmucks, dass der nicht in Augen- und Gesprächshöhe den Blick verstellt; die ausgebügelte Glätte und Güte der Tischwäsche, die nirgendwo eine Falte wirft; der perfekt sitzende Anzug von Maître Thomas Brandt; die Schuhe aus glattem

Leder (mit Kappe) der Smoking tragenden Herren; das spiegelblank polierte Silber antiker Menagen – einer der Glaubenssätze aus dem Credo des Hausherrn, hier wird's Ereignis: das Auge isst mit.

Planungssitzungen mit Hermann Bareiss, in denen dergleichen entworfen wird, können die Geduld der Gesprächsteilnehmer auf eine harte Probe stellen, weil der Patron bis in die tiefe und tiefste Nacht hinein keine Ruhe gibt und nicht nachlässt im Nachsinnen darüber, ob ein Entwurf auf den Punkt genau und im letzten Detail getroffen ist.

Das kann die Nerven der Partner und Mitarbeiter schon mal strapazieren. Aber was verschlägt's, wenn sich die Nerven der von Werktag und Arbeit strapazierten Gäste in einer solchen Umgebung beruhigen und entspannen, in der viele kleine Dinge ein großes Entzücken auslösen. So kann man sagen, dass es gerade diese kleinen Dinge sind, die das Bareiss zu einem Grandhotel der Gastlichkeit machen. Und korrigiert, ganz entschieden korrigiert werden muss die Redensart, die sich in einem unerträglichen Hotelprospekt-Deutsch zur gängigen Phrase und Floskel aufgespielt hat, wonach irgendwelche Zimmer mit „viel Liebe zum Detail" eingerichtet sind – als ob das Detail geliebt würde und nicht vielmehr der Gast, dem es am Ende doch gilt und der spürt, empfindet und fühlt, dass die Liebe, die im Detail steckt, ganz und gar ihm gehört.

Die Frau mit dem grünen Daumen

Durch die Blume zu sprechen, mag mancher unbequemen Wahrheit ihre Härte nehmen. Aber im Restaurant durch die Blume zu sprechen, das verstellt den Gesprächspartnern den Blick, und kein Humphrey Bogart könnte einer Ingrid Bergmann sagen, sie solle ihm in die Augen schauen, Kleines ...

Blumen spielen im Hotel Bareiss, spielen im Restaurant Bareiss eine unübersehbar große Rolle. Ein Meer von Blumen tut sich sommers dem Gast auf, wenn er das Hotelareal betritt und durchläuft. In Halle und Rezeption prangen Sträuße eines Ausmaßes, als gelte es einem Staatsbesuch. Und ein Wunderwerk blühender Artistik ist das blütenvolle Gebinde, das den floralen Mittelpunkt im Restaurant Bareiss stellt: ein bildschöner Blickfang, dass kein Dichter ihn zu beschreiben vermag.

Anders der Blumenschmuck auf dem Tisch. Er ist natürlich schön genug, um ihn in aller Gedankenlosigkeit auch einen Blickfang nennen zu können. Aber Erika Hößler, die Frau mit dem grünen Daumen im Hause Bareiss, die schon mit vier Jahren, eine Gärtnerstochter, ihre ersten Sträuße wand und die heute ein eigenes Blumengeschäft in Baiersbronn unterhält, macht sich im Gegenteil sehr viele Gedanken, dass eben kein falsch, weil zu hoch gestecktes Gesteck den Blickkontakt verstellt. Dass keine betörenden Parfums und Düfte, die den Blumen entströmen, den Genuss der Weine und Speisen stören. Dass der blumige Zierrat der Tabletts, auf denen angerichtet wird, einem professionellen Service nicht hinderlich wird.

Das sind Maßgaben, die ihre Phantasie indes nicht einschränken, sondern sie vielmehr herausfordern – wie einst das Auswärtige Amt sie schon herausforderte, als Staatsmänner und Päpste, Giscard d'Estaing und Johannes Paul II., blumig zu bewillkommen waren –, welches Schmuckwerk an Blumen das klassisch-französisch inspirierte Interieur des Restaurants am besten ergänzt. Dass die Blumen immer frisch sind (vom Stuttgarter Blumenmarkt), es versteht sich von selbst. Dass sie saisonal ausgewählt sind, wie die Produkte in der Küche, das ist für Erika Hößler, Pfingsten wie Weihnachten, im Herbst wie im Frühling, das Natürlichste von der Welt. Dass die Klassizität des Ambiente die Klassik von Dekor und Gestecken regiert, das liegt auf der Hand. Den Rest setzt ihre Kreativität hinzu: Wann ein ekstatisches Rot und wann ein cremeuses Weiß, wann ein leuchtendes Blau und wann ein glänzendes Gold die Stimmung festlich erhöht, Akzente setzt im Farbklima des Raums und den Gast visuell darauf einstimmt, was ihn hier in den nächsten Stunden erwartet: Eine Hoch-Zeit der Harmonie und des Genießens, die uns zu singen bestimmen könnte, Freunde, das Leben ist lebenswert.

Spargelsalat mit marinierten Flusskrebsen und Kerbelvinaigrette

ZUTATEN FÜR 4 PERSONEN

24 mittelgroße Krebse à 80 bis 90 g ❖ 1 Bouquet garni ❖ 24 Stangen Spargel, 10 bis 12 mm Durchmesser ❖ 1 Bd. Kerbel ❖ 100 ml Distelöl ❖ 2 bis 3 EL weißer Balsamico ❖ 2 EL Tomaten concassées

FÜR DIE SAUCE: Sauternes ❖ Weißwein ❖ Cognac ❖ 3 reife aromatische Tomaten ❖ 200 g Röstgemüse ❖ Sahne ❖ 1 Estragonzweig ❖ 1 Thymianzweig ❖ Salz & Pfeffer

Zubereitung

Wasser mit Bouquet garni, Weißwein und Salz abschmecken und in einem großen Topf aufkochen, Krebse hineingeben und aufkochen, eine Minute ziehen lassen, herausnehmen und abschrecken. Krebsschwänze auslösen, Schale und Darm entfernen, Krebsscheren ebenfalls ausbrechen.

❖ KREBSSAUCE: Krebskarkassen auswaschen, kurz im Ofen trocknen, anschließend in Olivenöl anbraten, Röstgemüse dazugeben, leicht anrösten, Tomaten hinzufügen und mit Sauternes und Cognac ablöschen, mit Wasser gerade so bedecken, Estragon und Thymian dazugeben, aufkochen und dann bei schwacher Hitze für zwei Stunden ziehen lassen, dann abpassieren und um ⅔ einkochen lassen, mit Salz & Pfeffer, Cognac und Sauternes abschmecken.

❖ KREBSMOUSSE: 250 ml Krebssauce mit 150 ml Sahne zusammen aufkochen, zu cremiger Konsistenz einkochen lassen und kräftig abschmecken. Nun 2 Blatt eingeweichte Gelatine hinzugeben. In eine Schüssel passieren und im Eiswasser kalt rühren, kurz bevor es anfängt zu stocken, 200 g halbfeste Schlagsahne darunterziehen, auf ein Blech gießen und kalt stellen.

❖ SPARGEL: schälen, die Hälfte zur Seite legen, bei den anderen 7 cm lange Spitzen abschneiden, die Enden wieder zum anderen Spargel legen. Nun die Spitzen auf der Aufschnittmaschine 2 mm dick aufschneiden (Spargelcarpaccio).
Wasser zum Abkochen der Spargel mit Salz, Zucker, etwas Zitronensaft und Butter abschmecken, ganzen Spargel und die Enden mit ein wenig Biss abkochen, danach im gleichen Sud die aufgeschnittenen Spargelspitzen blanchieren.

❖ VINAIGRETTE: 80 ml Spargelfond mit weißem Balsamico verrühren, Distelöl einmischen, 2 EL gehackten Kerbel und Tomaten concassées dazu, abschmecken.

Fertigstellung

Spargelcarpaccio auflegen und mit Vinaigrette marinieren, vom ganzen Spargel 4 cm lange Spitzen schneiden und ebenfalls marinieren.
Vom Krebsmousse Törtchen ausstechen und auf das Carpaccio legen, Krebse mit etwas Sauce und Vinaigrette marinieren und sternförmig anrichten, zum Schluss die Spargelspitzen anlegen und mit Krebssauce fertig stellen.

Weinempfehlung *Mineralisch-anregende Weine sind eine gelungene Kombination:*
2002 Wormser Liebfrauenstift-Kirchenstück ❧ Riesling trocken ❧ Weingut Gutzler ❧ Rheinhessen

Variation vom Thunfisch

ZUTATEN FÜR 4 PERSONEN

800 g blue fin Thunfischfilet (pariertes Mittelstück) ⁜ 50 g Imperialkaviar ⁜ 1 Stange Lauch ⁜ 1 Bd. Schnittlauch ⁜ 1 Bd. Koriander ⁜ 2 Limonen ⁜ Olivenöl ⁜ Crème fraîche ⁜ weißer Balsamico ⁜ Butter ⁜ Sahne ⁜ Puderzucker ⁜ Rauchgerät ⁜ Rauchmehl ⁜ Salz & Pfeffer ⁜ Fleur de sel

Zubereitung

Thunfischfilet der Länge nach halbieren und auf eine Größe von 5 bis 6 cm Durchmesser zuschneiden, den Rest in 1 x 1 cm Würfel schneiden.

TATAR: Die Thunfischwürfel mit Salz & Pfeffer, Limonensaft und weißem Balsamico marinieren.

Das erste Thunfischfilet mit Salz & Pfeffer und gehacktem Koriander würzen und im Rauchgerät 5 Minuten von der einen Seite und 5 Minuten von der anderen Seite lauwarm räuchern.
Das zweite Thunfischfilet wird in sechs gleichmäßige Scheiben geschnitten und vorsichtig leicht plattiert und gewürzt.
Den Lauch in der Mitte halbieren, auswaschen und in feine Julienne schneiden, in Butter und Olivenöl anschwitzen und weich dünsten, abschmecken, etwas abkühlen lassen und nun auf den plattierten Thunfisch der Länge nach gleichmäßig verteilen.
Thunfisch zu einem Röllchen aufrollen, die Außenseiten sauber abschneiden, damit alle Röllchen gleich lang sind, dann kühl stellen.

SCHNITTLAUCHSAUCE: Crème fraîche mit Sahne glatt rühren, mit Salz & Pfeffer und Limone abschmecken, Schnittlauch fein schneiden und dazugeben.

LIMONENVINAIGRETTE: 2 TL Puderzucker mit dem Saft von 2 Limonen verrühren, mit ¼ TL schwarzem geschrotetem Pfeffer, etwas Salz und mit Olivenöl cremig aufmixen.

Fertigstellung

Tatar in die Mitte des Tellers setzen, im Dreieck jeweils einen EL Schnittlauchsauce anrichten, aus dem geräucherten Stück 12 gleichmäßige Scheiben schneiden und mit Feur de sel und schwarzem Pfeffer würzen und dann auf die Schnittlauchsauce legen.
Die Thunfischröllchen in der Mitte halbieren und zwischen den geräucherten Scheiben aufstellen, mit Limonenvinaigrette fertig stellen.

Weinempfehlung *Frische, lebendige, dabei aber aromatische Weine sind ein Volltreffer:*
2001 Haardter Herzog ⁜ Rieslaner Spätlese trocken ⁜ Weingut Müller-Catoir ⁜ Pfalz

Rochenflügel mit Limone braisiert auf Safransauce

Zutaten für 4 Personen

1 großes Rochenflügelfilet 600 g ❋ 2 Limonen ❋ 3 EL Kalbsglace ❋ ¼ l Fischfond ❋ ¼ l Sahne ❋ einige Safranfäden ❋ Noilly-Prat ❋ Pastis zum Abschmecken ❋ 1 mittelgroße Zucchini ❋ 5 gekochte violette Kartoffeln ❋ 1 TL Knoblauchbrunoise ❋ 1 EL Schalottenbrunoise ❋ 2 Zweige Zitronenthymian ❋ Olivenöl zum Braten ❋ Salz & Pfeffer

Zubereitung

Rochenflügel in 4 gleichmäßige Stücke schneiden und würzen.
Zucchini und violette Kartoffeln in kleine Würfel (0,5 x 0,5 cm) schneiden und in Olivenöl heiß anbraten. Knoblauch, Schalotten und einen Zweig Zitronenthymian dazugeben und kurz weiterbraten, dann mit Salz & Pfeffer abschmecken.

❋ Safransauce: Fischfond mit Sahne und Safran auf ¼ l einkochen lassen. Mit Noilly-Prat, Pastis und Salz & Pfeffer abschmecken und mit 1 EL Schlagsahne montieren.

Fertigstellung

Rochenflügel von beiden Seiten in Olivenöl anbraten, einen Zitronenthymianzweig dazugeben und mit dem Saft von einer Limone und Kalbsglace ablöschen und bei geringer Hitze fertig garen.
Kurz vor dem Anrichten etwas Limonenabrieb über den Rochen hobeln.
Safransauce aufschlagen, in der Tellermitte einen Spiegel saucieren und Gemüse einstreuen, Rochenflügel auflegen und mit Braisiersud nappieren.

Weinempfehlung *Stoffige, ausgewogene Weine sind spannende Speisebegleiter.*
2002 Hochheimer Kirchenstück ❋ Riesling Auslese trocken ❋ Weingut Künstler ❋ Rheingau

Langostinos mit Zitronenbergpfeffer gebraten auf Mango

Zutaten für 4 Personen

16 Langostinos ⁜ Kateifiteig ⁜ ½ l Langostinenfond ⁜ ¼ l Sahne ⁜ 4 Kartoffelringe ⁜ frischer Koriander ⁜ Thymian ⁜ 50 g Herbsttrompeten ⁜ 200 g Mangofilet ⁜ 50 g Apfel ⁜ 50 g getrocknete Aprikosen ⁜ 80 g brauner Zucker ⁜ 1 kl. Chilischote ⁜ 2 Kardamon ⁜ 1 Nelke ⁜ 1 Sternanis ⁜ 2 Piment ⁜ 1 Knoblauchzehe ⁜ Zitronenbergpfeffer ⁜ Salz & Pfeffer ⁜ weißer Balsamico ⁜ Butterschmalz ⁜ Butter ⁜ Olivenöl

Zubereitung

⁜ Mangochutney: Die Mango, den Apfel und getrocknete Aprikosen klein würfeln. Chilischote in Brunoise schneiden, in einer Pfanne mit den anderen Gewürzen ganz kurz anrösten, mit 70 ml Wasser und 100 ml weißem Balsamico ablöschen, dann die getrockneten Aprikosen dazu und 5 Minuten leicht kochen lassen, 80 g brauner Zucker dazu, erneut einmal aufkochen und noch die Mango und Apfelwürfel dazugeben, alles zusammen mit ein wenig Biss weich kochen, anschließend heiß in ein Einmachglas füllen, verschließen und für eine Woche im Kühlschrank ziehen lassen.

⁜ Langostinos: mit Salz und Zitronenbergpfeffer würzen und vier gewürzte Langostinos in Kateifiteig einwickeln.

⁜ Sauce: Langostinenfond mit Sahne auf ¼ l einkochen lassen, mit Salz & Zitronenbergpfeffer abschmecken.

Fertigstellung

Die Langostinen im Kateifiteig in heißem Butterschmalz ausbacken, die anderen Langostinos in Olivenöl mit Knoblauch und Thymian ansautieren.
Das Mangochutney leicht erwärmen und etwas gehackten frischen Koriander unterheben.
Herbsttrompeten in Butter anbraten und mit Salz & Pfeffer abschmecken.

Weinempfehlung *Süße und Säure sind hier in Einklang zu bringen.*
2002 Gewürztraminer Spätlese ⁜ Weingut Beurer ⁜ Württemberg

Mascarponemousse mit Rhabarber

ZUTATEN FÜR 4 PERSONEN

MOUSSE: 1 Ei · 35 g Zucker · 1 Blatt Gelatine · ½ Vanilleschote · 160 g Mascarpone · 120 g Sahne · Grand Marnier

RHABARBER: 2 Stangen Rhabarber · Zucker · Weißwein · ½ Vanilleschote

RHABARBEREIS: 100 g Rhabarber · 20 g Zucker · 20 ml Sauternes · ½ Vanilleschote · 1 Eidotter · 20 g Zucker · 25 g Butter

MANDELTUILE: 60 g Orangensaft · 25 g Glukose · 25 g Mandelgrieß · 100 g Butter · 250 g Zucker · 60 g Mehl

Zubereitung

MOUSSE: Eier und Zucker aufschlagen. Die Vanilleschote und das Mascarpone einrühren. Die in Grand Marnier aufgelöste Gelatine einrühren und die Sahne unterheben.

EIS: Rhabarber, Zucker, Sauternes und das Vanilleschotenmark aufkochen. Die Masse pürieren. Dotter und Zucker verrühren und beide Massen mischen. Die Butter einmixen und frieren.

MANDELTUILE: Orangensaft, Glukose, Mandelgrieß und Butter erwärmen. In die geschmolzene Masse die restlichen Zutaten einrühren, kalt stellen. Masse dünn aufstreichen und goldgelb backen. Etwas abkühlen lassen und in 6 cm breite Streifen schneiden. Streifen zu Röllchen formen.

RHABARBER: Rhabarber schälen und in etwa 5 mm starke Scheiben schneiden. Die Schalen mit Weißwein, Zucker, Vanilleschote und Wasser aufkochen lassen. In diesem Fond dann die Rhabarberstücke weich kochen.

Fertigstellung

Das Mousse in die Tuileröllchen füllen, Rhabarber um das Törtchen verteilen. Ein Zuckergitter auf das Törtchen legen und eine Nocke Eis portionieren.

Weinempfehlung *Zwischen dem mild-cremigen Mascarponemousse und dem rassig-säurebetonten Rhabarber braucht man einen balancierenden süßen Wein mit deutlichem würzigem Ausdruck:*
1997 Coteaux du Layon-St. Lambert „Clos des Bonnes Blanches" · Domaine Jo Pithon · Loire

Variation von Erdbeeren und Tahiti-Vanille

ZUTATEN FÜR 4 PERSONEN

ERDBEERPARFAIT: 200 g Erdbeeren ◆ 20 g Zucker ◆ 40 ml Wasser ◆ 60 g Glukose ◆ 40 g Zucker ◆ 50 g Eiweiß ◆ 120 g Sahne

SCHOKOLADERINGE: 100 g weiße Kuvertüre ◆ Folienstreifen (5 x 12 cm)

ERDBEERMOUSSE: 75 g Erdbeerpüree ◆ 25 g Mascarpone ◆ 1 Blatt Gelatine ◆ Limettensaft ◆ 10 g Zucker ◆ 40 g Sahne

ERDBEERGELEE: 100 g Erdbeerpüree, passiert ◆ 1 Blatt Gelatine

VANILLECREME: 125 ml Milch ◆ 125 g Sahne ◆ 1 ½ Blatt Gelatine ◆ ½ Vanilleschote ◆ 3 Eidotter ◆ 35 g Zucker

VANILLEEIS: 250 ml Milch ◆ 250 g Sahne ◆ 5 Eidotter ◆ 110 g Zucker ◆ 1 Tahiti-Vanilleschote

SONSTIGES: Walderdbeeren ◆ Erdbeeren ◆ Hippenmasse

Zubereitung

◆ SCHOKOLADERINGE: die Kuvertüre schmelzen und auf die Folie streichen. Die Streifen zusammenrollen und fixieren.

◆ ERDBEERPARFAIT: Erdbeeren mit dem Zucker einzuckern und etwas stehen lassen. Wenn der Zucker etwas Flüssigkeit gezogen hat, die Erdbeeren pürieren. Wasser, Zucker und Glukose auf 118 °C kochen. Eiweiß mit dem restlichen Zucker zu Schnee schlagen und den gekochten Zucker einrühren. Masse kalt schlagen. Meringe unter das Erdbeermark heben und die geschlagene Sahne unterheben. Parfait in vorbereitete Schokoladeringe füllen und tiefkühlen.

◆ ERDBEERMOUSSE: Erdbeerpüree mit dem Mascarpone, dem Zucker und dem Limettensaft verrühren. Die Gelatine in etwas Grand Marnier auflösen und einrühren. Die geschlagene Sahne unterheben. In Halbkugelformen füllen und anfrosten.

◆ ERDBEERGELEE: die Gelatine im Erdbeerpüree auflösen und das Mousse damit glasieren.

◆ VANILLECREME: Milch und Sahne erwärmen. Zucker und Eidotter verrühren. Beide Massen mischen und das Vanilleschotenmark einrühren. Die Gelatine darin auflösen. Creme in eine Form gießen und im Wasserbad bei 100 bis 110 °C pochieren. Wenn die Masse gestockt ist, kalt stellen.

◆ VANILLEEIS: Milch, Sahne und das Mark der Vanilleschote aufkochen. Die Eidotter und den Zucker verrühren. Beide Massen mischen und zur Rose abziehen. Abkühlen lassen und in der Eismaschine frieren.

◆ HIPPE: die Hippenmasse mit Hilfe einer Schablone auf ein Backpapier aufstreichen und bei 180 °C goldgelb backen. Hippe lösen und erkalten lassen.

Fertigstellung

Törtchen aus Parfait, Hippe und Mousse zusammenbauen. Vanillecreme ausstechen und beides auf den Teller setzen. Marinierte Erdbeeren und Walderdbeeren verteilen. Eine Nocke Vanilleeis auf die Vanillecreme setzen.

Weinempfehlung *Gefordert sind hier feine frische Noten mit deutlicher Süße:*
1999 Rüdesheimer Berg Schlossberg ◆ Riesling Auslese „Goldkapsel" ◆ Weingut Georg Breuer ◆ Rheingau

Kreation von Mocca und Himbeere

ZUTATEN FÜR 4 PERSONEN

MOCCAMOUSSE: ⁜ 60 ml Milch ⁜ 15 g Moccabohnen ⁜ 1 Ei ⁜ 1 Eidotter ⁜ 150 g Ivoire ⁜ 1 Blatt Gelatine ⁜ 250 g Sahne ⁜ 100 g dunkle Kuvertüre ⁜ Folienstreifen (20 x 2,5 cm) ⁜

MANDELBISKUIT: ⁜ 125 g Mandelgrieß ⁜ 125 g Puderzucker ⁜ 110 g Eiweiß ⁜ 30 g Zucker ⁜

NOUGATBODEN: ⁜ 250 g Praliné (Valrhona) ⁜ 75 g Ivoire ⁜ 100 g Pailleté feuilletine ⁜ 20 g Nescafé ⁜

PISTAZIENSABLÉ: ⁜ 1 Eidotter ⁜ 40 g Zucker ⁜ 100 g Mehl ⁜ Salz ⁜ 50 g weiche Butter ⁜ 25 g Pistazien, gehackt ⁜ 2 g Backpulver ⁜

MOCCANAPPAGE: ⁜ 140 ml Wasser ⁜ 60 g Sahne ⁜ 25 g Zucker ⁜ 40 g Glukose ⁜ 60 g Jivara ⁜ 25 g Ivoire ⁜ ½ Blatt Gelatine ⁜ 5 g Nescafé ⁜

HIMBEEREIS: ⁜ 250 g Himbeermark ⁜ 40 g Zucker ⁜ 40 g Sauternes ⁜ 2 Eidotter ⁜ 30 g Zucker ⁜ 60 g Butter ⁜

Zubereitung

⁜ NOUGATBODEN: Praliné und Ivoire auflösen. Blätter und Nescafé einrühren. Masse aufstreichen und kalt stellen.

⁜ MANDELBISKUIT: Mandelgrieß und Puderzucker mischen. Eiweiß mit dem Zucker zu Schnee schlagen. Mandelgrieß unterheben und aufstreichen. Bei 190 °C backen.

⁜ PISTAZIENSABLÉ: Backpulver, Mehl, Salz und Pistazien vermischen. Eidotter mit dem Zucker schaumig rühren. Die weiche Butter einrühren. Beide Massen mischen und kalt stellen. Den Teig dünn ausrollen und in 6 x 1,5 cm große Streifen schneiden und backen.

⁜ MOCCANAPPAGE: Wasser, Sahne, Zucker und Glukose aufkochen. Jivara, Ivoire und Nescafé einrühren. Die Masse auf 105 °C kochen, abkühlen lassen und die Gelatine einrühren.

⁜ MOCCAMOUSSE: Milch und Moccabohnen aufkochen und etwas ziehen lassen. Ei und Eidotter mit etwas Zucker schaumig schlagen. Die Moccamilch und die aufgelöste Gelatine einrühren. Ivoire einrühren und die Sahne unterheben.
Folienstreifen mit Kuvertüre bestreichen und einen Ring damit auslegen. Eine Scheibe Mandelbiskuit in die Form legen. In gleicher Größe eine Scheibe vom Nougatboden darauf legen. Den Ring mit dem Mousse füllen. Mousse mit Moccanappage glacieren.

⁜ EIS: Himbeermark mit dem Zucker und dem Sauternes aufkochen. Eidotter und Zucker verrühren. Beide Massen mischen und etwas abkühlen lassen. Die Butter hinein mixen und frieren.

Fertigstellung

Törtchen auf den Teller setzen. Pistaziensablé mit Vanillecreme bestreichen und mit Himbeeren belegen. Die Himbeeren mit Himbeermark füllen. Eine Nocke Himbeereis abstechen und auf den Teller setzen.

Weinempfehlung *Opulenz pur sollte auch der Wein mitbringen:*
2002 Molino Real ⁜ Telmo Rodriguez ⁜ Spanien

Ein starkes Team

Es war keine unmutige unternehmerische Entscheidung, als man sich 1992 dazu entschloss, aus dem Kurhotel Mitteltal das Bareiss zu machen. Gut und schön, die Gäste nannten es schon so, bevor es auch offiziell so hieß. Aber die namentliche Fixierung auf den Hausherrn, die Fokussierung auf seine Person, war das richtig?

Weil es eben nicht um eine Fixierung und Fokussierung ging, sondern darum, eine bestimmte Auffassung von Qualität auf den Begriff zu bringen, um die Unverwechselbarkeit und Eindeutigkeit eines bestimmten Verständnisses von Gastfreundschaft, die qualitativ wie quantitativ einmalig ist nicht nur in Deutschland, deswegen war die Umbenennung des Hauses nach dem, der Maßstäbe setzte in Europa für singuläre gastgeberische Kompetenz und Qualität, ebenso richtig wie konsequent. Denn es geht nicht um die Person, es geht um den Geist von Gastlichkeit, den schon Bareiss-Gründerin Hermine Bareiss ihrem Haus ein- und ihren Mitarbeitern mitgegeben hatte – der Bareiss-*Bazillus* ist zur stehenden Wendung dafür geworden, warum das Hotel in seiner gastgeberischen Wärme so unverwechselbar ist. Diese Wärme verströmt nicht nur ein einzelner, sondern jeder der über 200 Mitarbeiter.

Hermann Bareiss ist als Erster zutiefst davon überzeugt, dass der Erfolg viele Väter hat. Es ist sein persönliches *ceterum censeo*, mit dem er Dankes- und Glückwunschbriefe für unvergessliche Aufenthalte oder empfangene Auszeichnungen beantwortet, darin auf sein Team hinzuweisen, das das Bareiss erst zum Bareiss macht. Denn es ist zwar mit Fug vom Geist der Gastlichkeit zu

sprechen, der sich in dem Credo manifestiert: Für den Gast gibt es kein Nein. Aber dieser Geist wird in den Menschen lebendig, deren Fähigkeit und Wille zu Leistung und Dienst es sich verdankt, dass es kein Lippenbekenntnis bleibt, dem Gast, wann immer es nur geht, jeden Wunsch zu erfüllen.

Und das tun nicht nur die, die im Rampenlicht stehen und auf deren Kunst und Können die Gunst der öffentlichen Meinung fällt, von den Restaurantleitern über die Küchenchefs bis hin zum Hausherrn. Es tun alle, ohne Ausnahme, vor und hinter den Kulissen des Betriebs. Es ist nun einmal so, dass die Akuratesse, mit der die Zimmermädchen ihren Aufgaben nachkommen, nicht schlagzeilenträchtig ist. Keinem Journalisten ist es eine Zeile wert, sich über glänzend poliertes Silber, Porzellan oder Kristall zu verbreiten. Dass die Haustechnik funktioniert, ist ebenso normal wie ein reibungsloser Ablauf des Kinder- und Freizeitprogramms – darüber spricht und schreibt man nicht, das sind selbstverständlichste Selbstverständlichkeiten.

Und dennoch, es ist alles andere als selbstverständlich, dass alles so funktioniert, wie es funktionieren soll. Denn dass es nirgendwo einen Ausfall im

Gesamtkunstwerk Bareiss gibt, das grenzt, bedenkt man den Generationen- und Mitarbeiterwechsel, der im Lauf von 50 Jahren ganz natürlich ist, an ein Wunder. Möglich wird dieses Wunder, weil es Mutter Hermine Bareiss und Sohn Hermann Bareiss immer verstanden haben, eine Führungsmannschaft aufzubauen, die sich Wille und Vorstellung von Chefin und Chef bis zur Selbstaufgabe zu Eigen gemacht hat und ihren Schutzbefohlenen, den Auszubildenden voran, mit gutem Beispiel voranging. Nicht umsonst hat einmal jemand von der Lebensschule gesprochen, die einer durchläuft, wenn er im Bareiss seine Lehre macht, eine Station einlegt während seiner beruflichen Wanderjahre oder wenn er seine Karriere im Hause plant.

Diese Schule besteht nicht nur darin, zu lernen, wie man eine Consommé ansetzt, wie man einen Wein dekantiert, wie man mit Flecken auf dem Marmor fertig wird oder wie man eine störrische Klimaanlage wieder in Gang bringt. Die Lebensschule des Bareiss dringt tiefer. Sie bringt bei, wie man vom Alltag strapazierten Gästen geduldig und aufmerksam zuhört, wie man überverwöhnte Kunden mit Sachverstand und Herz zufriedenstellt, wie man Rücksicht und

Entgegenkommen gegenüber älteren Menschen übt, wie man Kinder in einer Allianz aus Nachsicht und Autorität anhält, sich zu benehmen, wie man Toleranz übt in einem geeinten Europa, für dessen funktionierendes Miteinander die 13 Nationalitäten im Bareiss ein leuchtendes Beispiel geben, wie man im Team ein Ensemble-Denken und -Handeln praktiziert, das geprägt ist von Kollegialität, Respekt, Wertschätzung, Offenheit und Ehrlichkeit.

Die Bareiss-Lebensschule, die ein starkes Team bildet, zusammenschmiedet und zusammenhält, lehrt, wie man umgeht miteinander von Mensch zu Mensch. Sind das also alles Heilige und Unfehlbare, die hier arbeiten? Natürlich nicht. Wo Menschen für Menschen arbeiten, da passieren Fehler. Das ist normal, also kein Weltuntergang. Und deswegen auch kein Anlass, passiert einmal ein Fehler, ein Drama vom Format eines Weltuntergangs daraus zu machen. Das tun weder die Chefs, noch tun es die Gäste. Denn Irren ist menschlich, und Fehler hat und macht jeder. Und aus Fehlern kann man bekanntlich lernen. Wie?

Indem man miteinander spricht. Besonders im Restaurant Bareiss sprechen sie miteinander, obwohl die Reklamations- und Fehlerquote nahezu gegen Null läuft. Das liegt an der intensiven Kommunikation darüber, wie man an Qualität und Leistung immerzu schleifen und feilen und sie polieren kann. Thomas Brandt und sein Team, sie haben alle Gerichte, die es auf der Karte gibt, probiert, wissen, was sie dem Gast empfehlen, können begeistert davon schwärmen, können Claus-Peter Lumpp auch Anregungen geben, wie ein Gericht in seiner Präsentation vor dem Gast raffiniert werden kann. Lumpp seinerseits nimmt erheblichen Anteil daran, wie die Dramaturgie des Apéritifs gestaltet wird, hat mitgewirkt an der Entwicklung des Käsewagens, hat modische Überlegungen mitangestellt, in welchem *outfit* seine Küche den Gast erreicht, welche Schuhe für einen guten Service bequem, welche weißen Handschuhe für das Eindecken des Silbers geeignet sind – Einzelkämpfer ist hier niemand.

Die Stärke des Teams ist also nicht nur seine Kompetenz. Sondern es ist nicht zuletzt, oder vielleicht sogar vor allem: das Wir-Gefühl, gemeinsam das Bareiss zu machen. Ein Grund, stolz zu sein auf dieses Team? Das wollen wir doch meinen!

Souveränität und Mutterwitz: Maître Thomas Brandt

Es war in den 70er Jahren des letzten Jahrhunderts, als die Wogen der *nouvelle cuisine* genannten Küchenrevolution nach Deutschland schwappten und auch hier einen reformerischen Furor an den Herden auslöste, der es den Herald Tribune erlaubte, vom Ergebnis dieses Furors als einem „Deutschen Küchenwunder" zu sprechen.

Naturgemäß war es ein *furor teutonicus*. Gründlich über die Maßen also, so dass man in der öffentlichen Meinung vor lauter Gründlichkeit den Wald nicht mehr sah. Die öffentliche Meinung, die spiegelte der damals auch einsetzende gastronomisch befasste Journalismus, der sich nicht genug tun konnte an verbalen Ekstasen über glasig gegarte Lachse, à point befindliche Gänselebern und al dente gekochten Gemüsen. Und der Wald, den man übersah, das große Ganze also, war, dass keine Grande Cuisine so groß sein kann, sich von alleine an den Tisch zu tragen – Service fand bei den kulinarisch sich engagierenden Scribenten nicht statt, Service war für keinen Photographen ein Bildmotiv.

War das zum Wundern? Nein. Denn das, was einen guten Service auszeichnet, lässt sich nur schwer in Wort und Bild bannen. Köche mit Kochmützen, die kann man photographieren. Über die Erfindung einer Trilogie von Sorbets lässt sich jubeln. Aber wie beschreibt man Einfühlsamkeit und Perfektion in der Beratung? Wie photographiert man gelassene Souveränität und eine charmante freundliche Art? Gell, da wird's schwierig. Und vor diesen Schwierigkeiten kniffen sie alle, die Schreiber und die Bildermacher.

Das hat sich inzwischen, Gottseidank, zum Besseren gewendet. Und so konnte Thomas Brandt, seit bald zehn Jahren Maître im Restaurant Bareiss, über sich lesen, als er von einem Guide zum „Restaurantchef des Jahres" gewählt wurde: „Als ebenso exzellenter wie herzlicher Gastgeber hat Thomas Brandt sich bei den Gästen einen besonderen Ruf erworben. Er beherrscht sein Metier mit gelassener Souveränität und hat dabei einen Sinn für einfühlsame und perfekte Beratungen. Mit seiner charmanten und freundlichen Art beweist er eine hohe Fachkompetenz, verbunden mit einem sehr persönlichen Stil."

Für ein publizistisch geäußertes Lob geht das an Differenziertheit über Brandts große Qualitäten schon sehr weit. Aber nicht weit genug. Alle Epitheta stimmen natürlich und keines von ihnen ist zurückzunehmen, die fachliche Könnerschaft nicht und nicht die wohlerzogene Gewandtheit im Auftreten. Aber es fehlt noch an Geschmack und Parfum, die das eigentlich Besondere zu spüren und zu bemerken geben.

Da ist Brandts Zurückhaltung zu erwähnen, mit falscher Bescheidenheit nicht zu verwechseln, sich als *primus inter pares* zu geben. Er kehrt nicht den Chef, schon gar nicht den ausgezeichneten Star heraus,

bindet und konzentriert weder Geschehen noch Gäste auf seine Person. Vielmehr dirigiert er ein Team, in dem jeder seine Stärken und Fertigkeiten entfalten und sich darin vor dem Gast profilieren kann, mit dem Wein der Eine, mit dem Käse die Andere. Er ist sich nicht zu fein, Hand mitanzulegen, wenn es die Situation erfordert. Brandt ist also nicht nur in seiner Bravour zu bewundern, wie er einen Steinbutt aus der Salzkruste befreit oder einen Rehrükken auslöst, wobei ihm zuzuschauen eine Augenweide für sich ist. Sondern er leistet auch schlichte Assistenz, wenn ein Tablett zu tragen oder Wasser nachzuschenken ist.

Da ist Brandts Mutterwitz. Trocken und schlagfertig sitzen seine Repliken, wenn er weiß, dass er im Umgang mit langjährig gekannten Gästen einen Ton der Vertrautheit anschlagen kann, der immer voller Freundlichkeit und fern allen Fraternisierens ist. Ein Gute-Laune-Macher also, der alle Vorurteile Lügen straft, es seien die im Service eines Gourmetrestaurants steif und förmlich wie Pinguine und so pinkelig-fein, dass sie sich das Trinkgeld selber geben könnten. Nein, mit Dünkel und Distanz, Tempelweihe und Andachtsstimmung hat die Atmosphäre im Restaurant Bareiss nicht das Geringste zu tun. Bei aller Kultiviertheit der Manieren, bei aller Eleganz des Ambiente, bei allem Adel der Ausstattung – es darf gelacht und sich zugetoastet werden, der Gesprächspegel im Verlauf eines Genießerabends steigt hörbar, animierende Musik braucht niemand, der Klang der Gläser und das Gewirr der Stimmen genügen sich vollauf. Und Brandts Menschenkennerschaft, in über 20 Jahren Berufserfahrung gewachsen und gesammelt, vermag immer sensibel einzuschätzen, wann ein Tisch Beratung und Unterhaltung braucht, und wann eine Gesellschaft, sei sie zu zweit oder zu viert, oder wenn auch der Genießer-Single sich selber überlassen werden möchte.

Die Harmonie im Restaurant Bareiss verdankt sich nicht nur Brandts Persönlichkeit, die in sich gefestigt genug ist, um andere gelten zu lassen, und nicht nur seinem Witz, der das Heiterkeitsniveau geschmackvoll hebt, sondern auch der Integrität und Loyalität, in der, unter seiner Leitung, dieser Service mit den Kollegen in der Küche zusammenarbeitet. Die in der Branche sonst klassischen Konflikte, die zwischen weißer und schwarzer Brigade ausgetragen werden, gibt es hier nicht. Das liegt zum einen am persönlichen Temperament der beiden Protagonisten Brandt und Lumpp, die beide keine ichsüchtigen, profilneurotischen Naturen auf Kosten des je anderen sind. Und das liegt an der Einigkeit beider, ein gemeinsames Ziel zu verfolgen: Immer ein Maximum an Leistung zu geben, um den Gast ein Optimum an Genuss und Gastlichkeit erleben zu lassen. Denn Brandt wie Lumpp sind sich einig: Der Gast im Restaurant Bareiss lässt dort zwar auch sein Geld, aber mehr noch und vor allem, der Gast vertraut seinen Gastgebern wertvolle Zeit an, die er auch anderen schenken könnte. Die Gastgeber lohnen es ihm: Mit der Gabe all der Lebensfreude, die ihr Beruf, die ihre Person nur zu geben vermögen.

Rascasse mit Knoblauch und Rosmarin gebraten

ZUTATEN FÜR 4 PERSONEN

⁜ 1 Rascasse à 2 kg ⁜ Knoblauch ⁜ Rosmarin ⁜ Olivenöl ⁜ Fleur de sel ⁜ Pfeffer ⁜

Zubereitung

Rascasse schuppen, anschließend die Innereien ausnehmen und auswaschen.
Rascasse mit Fleur de sel und Pfeffer würzen, der Bauchraum wird mit Rosmarinzweigen und Knoblauch gefüllt.
Rascasse in viel heißem Olivenöl von beiden Seiten anbraten, die Rascasse in der Pfanne aufrecht stellen und bei 220 °C im Ofen ca. 50 Minuten braten, ab und an (ca. alle 5 Minuten) mit dem heißen Olivenöl übergießen.

Fertigstellung

Wir servieren die gebratene Rascasse auf gegrilltem Sommergemüse oder auf gegrillten Steinpilzen.

Weinempfehlung *Hier braucht der Wein richtig Kraft, um mitzuhalten:*
2003 Collioure blanc „Folio" ⁜ Coume del Mas ⁜ Roussillon

Gebratenes Bresse-Täubchen mit gefülltem Bratapfel und Gewürzsauce

Zutaten für 4 Personen ⁜ 2 Bresse-Tauben ⁜ ¼ l Taubenglace ⁜ Cinq épices ⁜ Lebkuchengewürz ⁜ 4 Scheiben Gänsestopfleber ⁜ 4 Bratäpfel ⁜ Zimt ⁜ 50 g Zucker ⁜ 100 g Butter ⁜ Madeira ⁜ ½ l Apfelsaft ⁜

Zubereitung

Tauben auslösen. Die Keulen und die Taubeninnereien klein würfeln, in geklärter Butter ansautieren und mit etwas Taubenglace ablöschen und glacieren.
Die Äpfel schälen und das Kerngehäuse entfernen. Ungefähr 50 g Zucker karamellisieren, 100 g Butter hinzugeben und mit 250 ml Madeira und ½ l Apfelsaft ablöschen, auf ein Drittel einkochen lassen und mit Lebkuchengewürz und Zimt abschmecken. Die Äpfel auf ein tiefes Blech setzen und den Fond angießen und bei 180 °C im Backofen weich schmoren, dabei die Äpfel immer wieder übergießen.

Fertigstellung

Taubenbrust rosa braten, geschmorten Bratapfel mit Taubeninnereien füllen und Gänsestopfleber braten. Taubenglace mit Cinq épices und Lebkuchengewürz abschmecken.
Den gefüllten Bratapfel in der Tellermitte anrichten, die Taubenbrüstchen der Länge nach aufschneiden und um den Bratapfel anlegen.
Die gebratene Gänsestopfleber in Rauten schneiden und zwischen der Taubenbrust anrichten, mit Gewürzglace fertig stellen.

Weinempfehlung *Reife, im Barrique ausgebaute Weine sind besonders interessant zu diesem Gericht: 1989 Burkheimer Feuerberg ⁜ Grauburgunder Auslese trocken ⁜ Weingut Bercher ⁜ Baden*

Kross gebratener Loup de mer auf mediterranem Gemüse und gegrillter Tomatenpolenta

ZUTATEN FÜR 4 PERSONEN

⁜ wilder Loup de mer 1 bis 2 kg, geschuppt und filetiert ⁜ 1 kleiner Zucchino ⁜ 1 kleine Aubergine ⁜ 2 Artischocken ⁜ 4 Kirschtomaten ⁜ 1 Bd. Basilikum ⁜ 6 Blätter Salbei ⁜ 1 Zweig Rosmarin ⁜ 4 Zweige Thymian ⁜ 1 Knoblauchknolle ⁜ 1 Flasche Olivenöl ⁜ 20 g geröstete Pinienkerne ⁜ 50 g frischer Parmesankäse ⁜ 120 g Polentagrieß ⁜ ¼ l Brühe ⁜ ¼ l Sahne ⁜ 1 EL Tomatenmark ⁜ 1 Ei ⁜ 4 TL altes Balsamico ⁜ Salz & Pfeffer ⁜ Zucker ⁜ Fleur de sel ⁜

Vorbereitung

⁜ PESTO: Basilikumblätter, Pinienkerne, 1 Knoblauchzehe, 20 g Parmesan mit ¼ l Olivenöl mixen, mit Salz & Pfeffer abschmecken.

⁜ KRÄUTERMISCHUNG: restliche Kräuter zupfen und mit 4 Knoblauchzehen klein hacken.

⁜ TOMATENPOLENTA: Brühe und Sahne mit 1TL Kräutermischung aufkochen, mit Salz & Pfeffer abschmecken, Tomatenmark und Polentagrieß hinzufügen, mit dem Kochlöffel kräftig rühren, bis sich die Masse vom Topfboden löst, jetzt vom Herd ziehen, den restlichen geriebenen Parmesan und das Ei unterrühren. Nun die Masse rechteckig auf ein geöltes Blech 1,5 cm dick streichen. Wenn die Polenta ausgekühlt ist, diese vom Blech lösen und in Rauten schneiden, dann in einer Grillpfanne in Olivenöl grillen.

⁜ KIRSCHTOMATEN: in dünne Scheiben schneiden und auf ein Backblech legen, mit Olivenöl, Salz & Pfeffer und etwas Zucker marinieren, dann bei ca. 100 °C 30 Minuten trocknen lassen.

⁜ GEMÜSE: Artischocken putzen und in kleine Ecken schneiden, restliches Gemüse in Scheiben schneiden, mit Olivenöl, 2 TL Kräutermischung, Salz & Pfeffer marinieren. Gemüse nun in einer beschichteten Pfanne anbraten.

⁜ LOUP DE MER: in 4 gleich große Stücke schneiden und mit Salz & Pfeffer würzen, in heißem Olivenöl anbraten und bei geringer Hitze fertig braten.

Fertigstellung

Gemüse rosettenförmig anrichten, mit etwas Pesto und Balsamico beträufeln, kross gebratenen Loup de mer auflegen, mit etwas Fleur de sel die Haut nachwürzen. Tomatenpolenta und getrocknete Kirschtomaten anlegen, mit ein paar frittierten Kräuterblättern garnieren.

Weinempfehlung *Finessenreich und Kraftvoll, jedoch auch beschwingend sollte der Weinbegleiter sein:*
2003 Chardonnay Spätlese trocken ⁜ Weingut Karl-Heinz Wehrheim ⁜ Pfalz

Rehkitzrücken mit Wildaromaten gebraten

Zutaten für 4 Personen ⁜ 1 Rehkitzrücken à 850 g ⁜ Salz & Pfeffer ⁜ Butterschmalz ⁜ Butter ⁜

Wildgewürz: ⁜ 2 Rosmarinzweige ⁜ 3 Thymianzweige ⁜ 2 Lorbeerblätter ⁜ 3 EL Wacholderbeeren ⁜ 5 Nelken ⁜ 1 EL schwarzer Pfeffer ⁜ ¼ l Rehglace ⁜

Zubereitung

Alle Zutaten für das Wildgewürz in einem Küchenmixer fein mahlen, die Mischung einen halben Tag lang trocknen lassen und anschließend durch ein Sieb passieren.
Das grobe Wildgewürz kann man später zu einem Wildsaucen-Ansatz dazugeben.
Das feine Wildgewürz, zum Würzen und zum Abschmecken, in ein Glas mit fest schließendem Deckel füllen, damit das Aroma sich nicht verflüchtigt.
Rehkitzrücken parieren und mit Salz & Pfeffer und feinem Wildgewürz marinieren.
Rehkitzrücken in heißem Butterschmalz anbraten und bei 200 °C im Backofen ca. 15 Minuten rosa braten. Zum Schluss kommen noch frische Butter und frische Wildaromaten dazu.

Fertigstellung

Rehkitzrücken auslösen und tranchieren.
In der herbstlichen Jahreszeit passen alle Sorten von Pilzen dazu, wie zum Beispiel Steinpilze, Maronenröhrlinge, Herbsttrompeten oder Kaiserlinge, aber auch glacierter Romanesco, Selleriefondü oder auch glacierte Maronen.

Weinempfehlung *Volle, feine ausgereifte Rotweine sind die optimale Begleitung:*
1989 Châteauneuf du Pape ⁜ Domaine de Mont-Redon ⁜ Rhône

Rosette von gratinierten Jakobsmuscheln mit Limone und Imperialkaviar

ZUTATEN FÜR 4 PERSONEN

12 mittelgroße Jakobsmuscheln · 40 g Imperialkaviar · 4 mittelgroße Folienkartoffeln · 150 g Butter

LIMONENSAUCE: Saft von 2 Limonen · 1 EL Puderzucker · 3 EL Brühe · ½ TL gestoßener schwarzer Pfeffer · Fleur de sel zum Abschmecken · 100 ml Olivenöl zum Mixen

SCHNITTLAUCHSAUCE: 1 Bd. Schnittlauch · 200 g Crème fraîche · 2 EL flüssige Sahne · Salz & Pfeffer

Vorbereitung

Kartoffeln waschen, in Alufolie einwickeln und im Backofen bei 220 °C eine Stunde garen. Jakobsmuscheln aus der Schale lösen und von Rogen und Innereien befreien, das Muschelfleisch mehrmals waschen, bis es von Sandresten befreit ist. Nun die Muscheln in dünne Scheiben schneiden und zu einer Rosette legen. Man benötigt ca. 3 Stück für eine Rosette.

LIMONENSAUCE: Alle Zutaten für die Sauce mit einem Stabmixer mixen und mit Fleur de sel abschmecken.

SCHNITTLAUCHSAUCE: Crème fraîche mit flüssiger Sahne und der Hälfte des Schnittlauches glatt rühren, mit Salz & Pfeffer abschmecken.

FOLIENKARTOFFELPÜREE: Kartoffeln aus der Folie packen und schälen, mit einer Gabel die Kartoffeln mit Schnittlauch und Butter vorsichtig zerdrücken. Mit Salz & Pfeffer abschmecken.

Fertigstellung

Jakobsmuschelrosette mit einem Gasbrenner gratinieren, Kartoffelpüree in einen Ring (sollte die gleiche Größe haben wie die Rosette) in der Tellermitte anrichten, Ring entfernen und die Rosette auflegen, darauf gibt man eine Nocke Imperialkaviar (10 g), mit Limonen-, und Schnittlauchsauce garnieren.

Weinempfehlung *Frische, zartnussige Weine harmonieren besonders gut:*
2002 Macon-Milly-Lamartine · Les Heritiêrs du Comte Lafon · Burgund

Ochsenfilet im Barolosud pochiert mit Auberginen

ZUTATEN FÜR 4 PERSONEN

800 g pariertes Ochsenfilet

BAROLOSUD: 1 Fl. Barolo · ½ Fl. Portwein rot · 1 l brauner Kalbsfond · Wurzelgemüse · Rosmarin · Thymian · 2 Lorbeerblätter · 1 EL schwarze Pfefferkörner · ein paar Wacholderbeeren · 5 Nelken

BAROLOSAUCE: ½ l Barolo · ½ l Rotwein rot · 5 klein geschnittene Schalotten · 1 Rosmarinzweig · 1 Thymianzweig · ¼ l Kalbsglace

2 mittelgroße Auberginen · Knoblauch · Salbei · Rosmarin · Thymian · Weißwein · Salz & Pfeffer · Olivenöl · Fleur de sel

Zubereitung

Alle Zutaten für den Barolosud zusammen aufkochen und um ein Drittel einkochen, dann Barolosud kräftig mit Salz abschmecken.
Für die Barolosauce alle Zutaten bis auf die Kalbsglace komplett einkochen (auf ca. 200 ml), jetzt mit Kalbsglace auffüllen und nochmals ein wenig reduzieren, bis die Barolosauce einen sämigen Glanz bekommt, mit Salz & schwarzem gestoßenem Pfeffer abschmecken.
Die erste Aubergine in Scheiben schneiden, würzen und diese goldbraun in Olivenöl mit Kräutern und Knoblauch braten und mit Salz & Pfeffer abschmecken.
Für das Auberginenpüree die zweite Aubergine schälen und in grobe Würfel schneiden.
Die Auberginenwürfel in Olivenöl mit Kräutern und Knoblauch ansautieren, mit Salz & Pfeffer würzen, mit etwas Weißwein ablöschen und weich dünsten.
Die weichen Auberginewürfel im Mixer mit Olivenöl mixen und nochmals abschmecken.

Fertigstellung

Barolosud aufkochen, das Ochsenfilet einlegen und nochmals aufkochen, einen Topfdeckel auflegen und den Herd ausstellen.
Das Filet nun ca. 20 Minuten ziehen lassen, bis es medium rare ist.
Filet in vier gleichmäßige Stücke schneiden und die Schnittfläche mit Fleur de sel und schwarzem grobem Pfeffer würzen.
Je 5 kleine Nocken Auberginenpüree anrichten, dazwischen die gebratenen Auberginen legen.
Ochsenfilet auflegen und mit Barolosauce fertig stellen.

Weinempfehlung *Hier drängt sich regelrecht ein klassischer Piemonteser auf.*
1996 Barolo „Gran Bussia" · Aldo Conterno · Piemont

Das Hohelied der Tradition

„Tempora mutantur et nos mutamur in illis."

Die Zeiten ändern sich, und wir uns in ihnen, wir hätten das geflügelte Wort gleich auch deutsch hinschreiben können. Aber da entginge uns eine Finesse, die vielleicht mehr als nur eine der lateinischen Grammatik ist. Denn wenn wir einmal in den Trümmern und Ruinen unserer altphilologischen Bildung herumlaufen, stoßen wir darauf, dass die lateinische Version der Redensart das parallele Wandlungsverhältnis von Zeit und Mensch im Deponens zum Ausdruck bringt, also in einem passivisch konjugierten Verb in aktivischer Bedeutung. Hätten wir es wörtlich übersetzt, stünde oben: Die Zeiten werden geändert, und wir werden in ihnen geändert. Der Lateinlehrer jedoch, von keiner Kultusministerkonferenz daran gehindert, hätte seinen Rotstift gezückt und die Übersetzung als grammatisch falsch markiert – aber doch nur grammatisch falsch, oder?

Denn kommt es uns zuweilen nicht vor, als seien wir nicht mehr Herr der Zeit und würden passiv, leidend durchaus, einem Zeitenwandel unterworfen, auf den wir keinen Einfluss haben? Das Weltenkarussell, so scheint es, dreht sich immer schneller, und wir haben Acht zu geben, nicht aus unserer Gondel zu fallen. Die Rasanz, mit der sich Verhältnisse und Bewandtnisse ändern, hat ein atemberaubendes Tempo. Wir machen nicht, was wir machen wollen, sondern es wird uns diktiert von den gewandelten Umständen eines Zeitalters kommunikativer Übergeschwindigkeit, die einen Erledigungs- und Bewältigungsdruck ausübt, der den Kardiologen und Psychiatern die Praxen füllt, weil Herz und Seele aus ihrem Takt und Rhythmus gebracht sind – wahrhaftig, wir werden verändert vom Zeitgeist. Und ein jeder muss schauen, ob er sich

von Chronos verschlingen lässt, oder ob er noch er selbst bleibt, mit welchen Überlebensmitteln auch immer.

Hermann Bareiss hat gegen Ende des Jahres 2003, nicht weit vom Hotelgelände entfernt, den Morlokhof erworben, einen der ältesten Bauernhöfe im oberen Murgtal, dessen Geschichte bis aus Ende des 18. Jahrhunderts zurückreicht und der bis vor vier oder fünf Jahren noch bewohnt war. Seinen Namen trägt das Gehöft von den Morloks, ein Geschlecht von Natur- und Wunderheilern, die für ihre Heilungen weit in der Region bekannt waren. Sogar über seherische Kräfte sollen sie verfügt haben.

Wer hier missbilligend die Stirn in Falten legt, weil er nicht mit Hamlet daran glaubt, dass es zwischen Erde und Himmel mehr Dinge gibt, als unsere Schulweisheit sich vorstellen kann, der halte sich an die Macht des Faktischen, was die Geschichte des Hofs nicht uninteressanter macht. Auf dem Hof war nämlich die ganze Infrastruktur installiert, die man zum Überleben auf dem Lande brauchte: Es wurde Vieh gehalten, man buk sein eigenes Brot, machte Most, unterhielt Obstwiesen, brannte Schnaps, rauchte Schinken, bestellte die Felder, und es lebten natürlich mindestens drei Generationen unter einem Dach, was wörtlich genommen nicht stimmt, denn im Hofgebäude zu leben war den bewirtschaftenden Jüngeren bestimmt, die Alten wohnten unterm eigenen Dach im Leibgedinghaus. Wie sich versteht, gab es weder Fax noch Handy noch Internet. Und wenn auch dieses Zeitalter, wie überhaupt jemals keines, ein goldenes war, so hat diese Zeit – trotz aller Unbill und Unbequemlichkeit und ohne Handy und Fax – in unserer Erinnerung als die gute alte Zeit überlebt, in die man sich manchmal zurückwünscht.

Bareiss griff, als er den Morlokhof kaufte, nicht ins Rad der Geschichte, das man bekanntlich nicht anhalten kann. Bareiss, geborener und überzeugter Mitteltaler, ist aber auch nicht der Mann, der seine Geschichte, die Geschichte seiner Heimat und Herkunft, dem Vergessen anheim fallen lässt. Dabei geht es ihm nicht um sich. Sondern es geht ihm um die Verlebendigung von Traditionen, die sich nicht als verstaubt und verzopft erweisen, sondern die vielen Lebensqualitäten begegnen lässt, die man heute zuweilen vermisst. Dazu gehören handwerkliche Fähigkeiten – Brot zu backen, Vieh zu züchten, Obst zu vermosten – ebenso wie das Verhalten im Umgang miteinander, wenn man auf kleinem Raum zusammenlebt und aufeinander angewiesen ist, will man menschenwürdig leben.

Beidem, dem Handwerklichen wie Sozialen, nimmt sich Hermann Bareiss an: Er hat auf dem Hof eine Streuobstwiese angelegt, ein Geschenk des Freundeskreises zu seinem 60. Geburtstag; für die artgerechte Aufzucht des Hinterwälder Rindes rief er schon vor Jahren die Weidelandgesellschaft ins Leben, deren Rindviecher heute auf den Matten des Morlokhofs weiden. Und das Brot, das können sich die Gäste selber im hofeigenen Backhaus backen und es in qualitativem Wettbewerb zum knusprigen Bauernbrot stellen, zu dem in den Dorfstuben im Hotel Quark, Schmalz und Radieschen gereicht werden.

Überhaupt stehen ja diese Dorfstuben, um uns diese kleine Einschaltung zu erlauben, stehen das Uhrenstüble und die Förster-Jakob-Stube für kulinarische Tradition im Haus schlechthin. Originale Bauernstuben sind es aus dem 19. Jahrhundert, in denen eine originale Schwarzwälder Küche mit den traditionellen Produkten der Region geboten wird. Daraus entstehen dann Gerichte wie: Speckpfannkuchen und Apfelküchle, Ochsenmaulsalat und das Siedfleisch mit Wirsing und Meerrettich, der berühmte Samstagsklassiker, der in keinem guten Wirtshaus fehlen darf. Und hier kann's der Gast mit eigenem Gaumen schmecken: Der Star in der Küche ist immer das Produkt. Egal, ob Claus-Peter Lumpp sich dabei für seine Grande Cuisine im Restaurant Bareiss aus dem viktualischen Adel des Produkt-Gotha bedient. Oder ob hier in den Dorfstuben eine Küche wie zu Großmutters Zeit auf den Tisch kommt, die wir die gute alte Zeit nennen, womit wir wieder auf dem Hof angekommen sind.

Geschichte, hier im restaurierten Ausschnitt eines Lebens auf dem Lande vor 100 Jahren, wird auf dem Morlokhof also nicht als Museum erlebt und besichtigt, sie wird wiederbelebt. Das bleibt nicht ohne Folgen aufs Bewusstsein der Wohlstandsgenerationen der letzten Jahrzehnte. Vor allem die Kinder der Gäste bekommen eine Anschauung, dass Äpfel zuerst auf Bäumen wachsen, bevor sie, möglicherweise zellophaniert, im Supermarkt zum Verkauf gelangen. Sie entdecken mit Staunen, dass Kühe nicht lila sind, wie eine Schokoladenwerbung suggerierte. Und sie bekommen eine Vorstellung davon, dass Lebens-Mittel nicht umsonst so heißen.

In den Köpfen der Erwachsenen geht anderes vor. Sie erfahren, mehr oder weniger bewusst, dass man gängige Wertsetzungen auch einmal in Frage stellen kann. Der Morlokhof ist ja nichts weniger als ein Kontrastprogramm zum Hotel: hier der Luxus und Überfluss, dort eine Erinnerung daran, dass das Brot im Schweiße seines Angesichtes herzustellen keine hohle Phrase ist. Im Hotel: die gewollte und erwünschte Welt des schönen Scheins. Im Morlokhof: die einst wirkliche Wirklichkeit eines rauhen Lebens auf dem Lande, dessen Erzeugnisse und Produkte im Zuge ihrer industriellen Hervorbringungen Katastrophen wie BSE und SARS zur Folge hatten.

Freilich, man stelle sich das didaktische Moment, den Morlokhof zu erleben, nicht diktatorisch, aufdringlich oder maßregelnd vor. Jedem bleibt selbst überlassen, ins Nachdenken zu kommen über die Wertentwurzelung, mit der seit der 68er-Generation Traditionen in Frage gestellt und gebrochen werden. Und man muss ja auch die Segnungen zeitgenössischer Kommunikation nicht in Bausch und Bogen in Frage stellen, solange das Erkunden nach dem Wohlergehen des Anderen noch ernsthaft eine Antwort erwartet, mit der man sich beschäftigt und auseinandersetzt, anstatt zur Tagesordnung überzugehen.

Und so erlebt man im Bareiss beides: Den Morlokhof als das wieder lebendig gewordene Zeugnis eines Einst und Früher, von dem wir annehmen, der Einzelne galt damals mehr als er in heutiger gesellschaftlicher Anonymisierung zu gelten scheint. Und das Hotel Bareiss als intakt gebliebener Hort, in dem die Frage nach dem Wohlergehen nicht nur keine theoretische ist, sondern in deren Antwortsreaktion sich eine liebevoll praktisch geübte Gastfreundschaft darin engagiert, der Gast möchte das Haus beim Abschied wohler und zufriedener verlassen, als er sich bei der Anreise möglicherweise fühlte.

Das hat irgendwie mit der Liebe zum Nächsten zu tun. Sie zu üben, dürfte die undankbarste Pflege von Tradition nicht sein.

Vom Lamm

Für seine Lammgerichte, zum Beispiel für den glacierten Lammrücken und Navarin von den Alb mit Artischocken und weißem Zwiebelconfit, greift Claus-Peter Lumpp auf Lämmer zurück, die speziell fürs Restaurant Bareiss auf einem ökologischen Hof auf der Alb geweidet, groß gezogen und geschlachtet werden. Die Qualität des feinfaserigen Fleisches mit seinem ganz milden Aroma, fern jener unangenehm hammeligen Bockigkeit, rührt von den Wachstumsbedingungen, unter denen die Wanderschafe leben, die übrigens noch von einem richtigen Schäfer betreut und begleitet werden. Sie weiden auf einer intakten Heidelandschaft, auf der sie sich frei bewegen, sind also nicht eingezwängt in eine Zucht, sondern haben ideale, weil natürliche und artgerechte Lebensumstände. Die Schlachttiere kommen in einen eigenen Stall, gleich neben dem Schlachthof gelegen, so dass die Schafe nicht jene unliebsamen Transportschäden leiden, die oft Verkrampfungen der Muskeln bedeuten, was ein zähes Fleisch zur Folge hat, dessen Verzehr keinen Genuss bedeutet. Dass Lumpp ausschließlich frisches Fleisch verwendet, also kein vakuumiertes, das bei unsachgemäßer Behandlung sofort verdürbe, versteht sich für den Küchenchef eines der besten zehn deutschen Gourmetrestaurants von selbst. Daher genießt der Gast eine optimale Qualität: Das Fleisch hat einen höchst feinen Geschmack und ist butterzart. Und selbst der konservative Geschmack und empfindliche Gaumen des ein und anderen weiblichen Gastes wurde überzeugt, dass Lammfleisch der Verwendung für die Grande Cuisine ebenso würdig sei wie es dem Anspruch der Grande Dame genüge, dass für eine Delikatesse zu gelten habe, was als Produkt man ihr zum Hauptgang empfiehlt – delikater geht's nämlich nimmer.

Vom Brot

Mit den guten Saucen, an denen man, unter anderem, bekanntlich den großen Cuisinier erkennt, kam das Baguette auf den Tisch. Denn mit der flauschigen Krume konnte man all die herrlichen Saucen auftunken, die uns der Siegeszug der *nouvelle cuisine* bescherte, bevor dann der Gourmet-, bzw. Saucenlöffel erfunden wurde, dessen Gebrauch zwar eleganter aussieht, dem aber dann doch etwas von jener Sinnlichkeit fehlt, die das Ein- und Auftunken mit dem Brot bedeutet. Von den Wonnen nicht zu reden, die das unmittelbare Aufschlotzen einer Sauce mit dem bloßen Finger bedeutet. Aber das schickt sich nicht so recht für ein Gourmetrestaurant, aus welcher Gelegenheit einen allenfalls rettet, daran zu denken, dass erlaubt ist, was gefällt. Aber darum geht es jetzt nicht. Sondern es geht ums Brot. Im Restaurant Bareiss feiert man nachgerade Brotorgien, so vielfältig ist die Auswahl, die ihrerseits wiederum eine einmalig zweimalige ist. Denn es dürfte einmalig sein unter Deutschlands Feinschmekkeradressen, dass zum Servicebeginn eines Menüs anderes Brot gereicht wird als später zum Käse. Da gibt es Laugenweckle und Tomatenciabatta, die Roggenstange und ein Safranbrötchen, ein Brötle von Koriander und eines von Mohn. Und natürlich auch ein Bauernbaguette, von wegen der zu tunkenden Sauce und für den Fall, man entscheidet sich zugunsten des Backwerks gegen die Verwendung des natürlich vorhandenen und eingedeckten Gourmetlöffels. Zum Brot gereicht wird Süßrahmbutter und normannische Butter mit Fleur de sel, die schmecken lässt, dass Salz nicht einfach Salz, sondern ein ganz, ganz feines Gewürz ist (mit dem man übrigens, mit dem Fleur de sel, selbst bei höherer Dosage nichts wirklich versalzen kann). Auch ein Schälchen schwarzen, grob geschroteten Pfeffers steht auf dem Tisch, zur gefälligen Selbstbedienung, wenn man's gern eine Nuance gepfefferter hätte, denn der Mensch ist ein freies Wesen. Dass die Brote nicht von einer Fertigteigmischung gebacken werden, versteht sich so von selbst, dass wir es eigentlich nicht sagen müssten, um nunmehr die zweite Strophe anzustimmen, die die Brotorgie beschreibt und die zum Käseservice ausbricht. Dann werden nämlich in einem großen Korb ansehnliche Laibe zunächst gezeigt und dann geschnitten, je nachdem, was man sich schmecken lassen möchte: Feigenbrot und Früchtebrot stehen zur Auswahl, ein Siebenkornbrot und ein Krustenbrot, eines von Sonnenblumenkernen und eines gar von der Kartoffel. Da hat man nun ein Kinderleben lang darum gebetet, und tut es vielleicht auch heute noch, nicht in Versuchung geführt zu werden, und setzt sich nun freiwillig einer aus. Denn ganz entschieden bedeutet es eine Versuchung, am liebsten natürlich alle diese Sorten zu probieren, die jeden Tag frisch vom Bäcker in den Korb kommen – man widerstehe nicht lange, sondern erliege ihr, der Versuchung, von diesem Brot zu essen, um das wir ja auch ein Kinderleben lang baten und vielleicht auch heute noch beten, es möge uns täglich gegeben werden.

Vom Rind

Dass er es einmal dahin bringen würde, in den Rang des Landadels gehoben zu werden, jedenfalls von der Presse und von den Gästen, das hätte Hermann Bareiss sich als kleiner Bub wohl nicht träumen lassen. Aber als bekannt wurde, der Hausherr des eleganten und luxuriösen Hotel Bareiss engagiere sich mit einer Weidelandgesellschaft für die Aufzucht und Arterhaltung des Hinterwälder Rinds und er unterhalte auf eigenen Weiden eine eigene Herde, da war ganz flugs und flott der Titel des Rinderbaron geboren, der nicht wenige Schlagzeilen mit dieser neuesten aller Neuigkeiten aus dem Bareiss füllte. Bareiss selbst nimmt diese Adelserhebung mit Humor. Völlig ernst dagegen nimmt er seinen Einsatz für die Erhaltung dieser alten Schwarzwälder Rinderrasse, der für ihn zwei Motive hat. Zum einen dient dieser Einsatz der Landschaftserhaltung, weil die Matten, Weiden und Hänge, die das Hotel umgeben, von den Rindern auf die natürlichste Weise gepflegt, weil regelmäßig abgegrast werden. Zum anderen ist in den letzten Jahren das Bedürfnis der Gäste und Gourmets nach möglichst authentischen, unverfälscht-natürlichen Produkten umgekehrt proportional zu den Schwierigkeiten gewachsen, solche Produkte noch zu bekommen. Das Hinterwälder Rind, das Bareiss hegt und pflegt, erhält durch seine artgerechte Haltung sowie durch seine völlig natürliche Selbsternährung im Sommer und Fütterung im Winter eine im Bezug auf Beschaffenheit und Aroma sehr besondere und überdies garantierte Qualität des Fleischs: Es ist fest, ohne zäh zu sein, und marmoriert, also von gesundem Fett durchzogen, das ganz unverzichtbar ist als Aromenträger, um das Fleisch so zart sein zu lassen, wie es dem Gast auf dem Teller serviert wird. Die Qualitätsgarantie ergibt sich aus der ständigen Begleitung der Rinder durch einen Landwirt, der jedes Tier von der Aufzucht bis zur Schlachtung beobachtet und alles überwacht, was dem Gast die Herkunftssicherheit des Fleischs sichert. Zum Einsatz kommt dieses Fleisch dann in der gesamten Gastronomie des Hotels. Die edlen Teile werden in den À-la-carte-Restaurants verarbeitet, Schmorfleisch und Kochstücke finden im Hotelgastbereich und für das regionale Angebot der Dorfstuben Verwendung. Das übrige Fleisch dient zur Herstellung von Wurstspezialitäten, die auf dem Frühstücksbuffet und konserviert zum Mitnehmen angeboten werden. Auch im Ferienprogramm spielen die Rindviecher eine Rolle: Die Küchenchefs machen mit den Gästen regelmäßig Besuche auf der Weide und zum Stall, damit jeder sich selbst einen ganz unmittelbaren Eindruck davon verschaffen kann, wie ehrlich man's im Haus meint mit dem Respekt vor der Natur und dem Einsatz für ihre Werterhaltung, sowohl hinsichtlich der Landschaft als auch der Tierhaltung. Und nicht zuletzt schätzen es die Gäste, dass das Hotel seine Verantwortung für eine zugleich gesunde und genussreiche Ernährung wahrnimmt.

Gänsestopflebertarte mit schwarzen Nüssen und karamellisiertem Sellerie

ZUTATEN FÜR 4 PERSONEN

⁘ 4 Scheiben Gänsestopfleber à 60 g ⁘ 1 Sellerie ⁘ 2 EL Zucker ⁘ ¼ l Apfelsaft ⁘ 30 g Butter ⁘ 2 cl Madeira ⁘ 4 schwarze Nüsse, in 2 mm dicke Scheiben geschnitten ⁘

SELLERIEPÜREE: ⁘ 400 g Knollensellerie ⁘ 2 EL Butter ⁘ 250 ml Geflügelfond ⁘ 250 ml Milch ⁘ 2 EL geschlagene Sahne ⁘ Salz & Pfeffer ⁘

BLÄTTERTEIG: ⁘ 250 g ⁘

Zubereitung

Sellerie schälen, mit der Aufschnittmaschine in 3 mm dünne Scheiben schneiden. Mit einem runden Ausstecher mit 2,5 cm Durchmesser kleine Taler ausstechen. In einer Pfanne Zucker goldbraun karamellisieren, Butter hinzufügen und mit Madeira und Apfelsaft ablöschen. Darin die ausgestochenen Sellerietaler karamellisieren.

⁘ BLÄTTERTEIG: 0,5 cm dick ausrollen und 4 Tarteböden à 8 cm ausstechen und bei 220 °C im Backofen goldbraun backen.

⁘ SELLERIEPÜREE: Sellerie mit Milch und Geflügelfond weichkochen, mit einem Mixer fein pürieren und mit Butter, Sahne, Salz & Pfeffer abschmecken.

Fertigstellung

Gänsestopfleber würzen, in schäumender Butter ungefähr 2 bis 3 Minuten pro Seite langsam braten. Die Hälfte des Selleriepürees auf die Tarte streichen, mit den karamellisierten Selleriescheiben und schwarzen Nüssen eine Rosette legen. Tarte in der Tellermitte anrichten, 3 Nocken Selleriepüree anrichten und die gebratene Gänsestopfleber darauf legen, anschließend mit dem Karamell nappieren.

Weinempfehlung *Kräftige, trockene Sherrys mit Fassreife sind eine perfekte Kombination: Oloroso Vinos Viejos ⁘ La Sacristía ⁘ Sánchez-Romate ⁘ Jerez, Spanien*

Variation vom Kaninchenrücken

ZUTATEN FÜR 4 PERSONEN

2 Kaninchenrücken • 2 EL Rosmarinfarce • 2 Scheiben Parmaschinken • 12 Scheiben getrocknete Kirschtomaten • 2 Mini-Zucchini • 1 EL Kräuterkruste • 1 EL gehackte, schwarze geschmorte Oliven • Coco-Bohnen • Sesam • Salz & Pfeffer

Zubereitung

• KANINCHENRÜCKEN: einen Kaninchenrücken mit den Kotelettenknochen auslösen, den anderen Kaninchenrücken ohne Kotelettenknochen, aber mit Bauchlappen auslösen. Aus den Kaninchenkarkassen eine Jus herstellen. Die Kotelettenknochen säubern, nach dem letzten Kotelettenknochen den hinteren Teil des Rückens 2 kleine Medaillons schneiden, ein wenig plattieren, die Medaillons würzen und mit Sesam panieren. Die Rücken mit dem Bauchlappen würzen, mit Rosmarinfarce bestreichen, einrollen und mit Parmaschinken umwickeln.

• LEBER UND NIERE: klein schneiden und auf einen Rosmarinzweig aufstecken.

• COCO-BOHNEN: ohne Salz mit Salbei, Rosmarin, Thymian und Knoblauch weich kochen.

• MINI-ZUCCHINI: der Länge nach aufschneiden und später braten.

Fertigstellung

Alle Kaninchenteile rosa braten, das Kotelettenstück mit Kräutern gratinieren. Coco-Bohnen mit Oliven, Kräutern und Knoblauch in Olivenöl anschwitzen und mit Salz & Pfeffer abschmecken, alles gefällig anrichten mit Kaninchenjus und mit getrockneten Tomaten fertig stellen.

Weinempfehlung *Vielschichtige, nuancenreiche Weißweine begleiten dieses Gericht sehr gut: 2002 Frankweiler Kalkgrube • Riesling Selektion • Weingut Rolf Pfaffmann • Pfalz*

Kalbsfilet und Bries im Kräutersud pochiert mit weißem Trüffel und gefüllten Pappardelle

ZUTATEN FÜR 4 PERSONEN

700 g pariertes Kalbsfilet ✻ 300 g Kalbsbries ✻ 1 ½ l Kalbsschwanzessenz ✻ ¼ l Kalbsglace ✻ Kalbsschwänze ✻ Nudelteig ✻ mediterrane Kräuter ✻ 25 g weißer Trüffel ✻ Thymian ✻ Rosmarin ✻ Salbei ✻ Knoblauch ✻ Schalotten ✻ Tomatenmark ✻ Rotwein ✻ Röstgemüse ✻ Parmesan ✻ Sahne ✻ Muskat ✻ Salz & Pfeffer ✻ Fleur de sel

Zubereitung

Kalbsschwanzessenz mit Rosmarin, Thymian, Salbei und Knoblauch kräftig abschmecken und auf einen Liter einkochen lassen, die Essenz muss überwürzt schmecken, sonst schmeckt das Kalbsfilet und Bries nachher fade.
Vom Kalbsbries die Haut und die Sehnen entfernen.

✻ KALBSSCHWANZFÜLLUNG: Kalbsschwänze an den Knorpeln klein schneiden, im Bräter anbraten, Röstgemüse und Tomatenmark dazugeben und mehrmals mit Rotwein ablöschen und glacieren und anschließend weich schmoren. Die weichen Kalbsschwänze nun ausbrechen und von grobem Fett und Knorpel befreien, anschließend fein hacken.
Den Schmorfond nun dickflüssig einkochen, dann den gehackten Kalbsschwanz dazugeben und zu einer dicken Paste einkochen.
Die Kalbsschwanzfüllung kann immer nur bei Küchentemperatur verarbeitet werden. Wenn die Masse zu kalt ist, ist sie zu hart, ist sie zu warm, dann ist die Masse zu flüssig.

✻ PAPPARDELLE: Nudelteig ausrollen und mit der Kalbsschwanzfüllung dünn bestreichen und wie eine Schneckennudel aufrollen bis zu einem Durchmesser von 2,5cm. Kalt stellen und wenn die Rolle nun fest ist, in 3 cm lange Stücke schneiden und in einen Topf mit etwas Brühe, Knoblauch und Schalottenbrunoise stellen. Alles zusammen einmal aufkochen und abdecken und bei 160 °C im Backofen für 15 Minuten fertig garen und dann mit geriebenem Parmesan gratinieren.

✻ WEIẞER TRÜFFELSCHAUM: Consommé mit Sahne auf die Hälfte einkochen lassen, 5 g weißen Trüffel hineinhobeln, mit dem Handmixer mixen, die Sauce mit Salz & Pfeffer und einer Prise Muskat abschmecken.

Fertigstellung

Kalbsfilet und Bries in der kräftig gewürzten Kalbsschwanzessenz einmal aufkochen, Deckel auflegen und für ungefähr 20 Minuten fertig ziehen lassen, Kalbsbries nach 15 Minuten herauslegen und in mittelgroße Röschen zupfen und mit Kalbsglace und Thymian glacieren.
Kalbsfilet aufschneiden und die Schnittfläche mit Fleur de sel würzen und anrichten.

Weinempfehlung *Feinheit und Wucht sollten im Glas vereint sein:*
2000 Malterer ✻ Weingut Bernhard Huber ✻ Baden

Kalbsbries mit Balsamico und Vanille glaciert auf weißem Bohnenpüree

ZUTATEN FÜR 4 PERSONEN

500 g Milchkalbsbries (das beste Herzstück) ⁜ 1/8 l Kalbsglace ⁜ 2 Vanilleschoten ⁜ 3 EL alter Balsamico ⁜ Butter ⁜ Kalbsfond hell zum Bries-Kochen ⁜ 100 g Wurzelgemüse ⁜ 100 ml Sahne ⁜ 100 g weiße Bohnenkerne ⁜ Wacholderbeeren ⁜ Thymianzweig ⁜ Rosmarin ⁜ Lorbeerblatt ⁜ Salz & Pfeffer

Zubereitung

KALBSBRIES: heller Kalbsfond mit Wurzelgemüse, ein paar Wacholderbeeren, Thymianzweig und Lorbeerblatt aufkochen und kräftig mit Salz & Pfeffer abschmecken. Das Bries einlegen, einmal aufkochen und 10 Minuten ziehen lassen, anschließend abkühlen lassen. Bries von der Haut, Sehnen und Fett befreien und dann in 4 gleich große Stücke portionieren.
Vanilleschoten der Länge nach halbieren, das Mark herausschaben und in die Kalbsglace geben. Die Schalen der Vanilleschoten nun quer durchschneiden und damit das portionierte Kalbsbries spicken.

BOHNENPÜREE: weiße Bohnenkerne über Nacht in Wasser einweichen.
Die Bohnenkerne ohne Salz mit Thymian und Rosmarin ganz weich kochen, Bohnenkerne abschütten und mit etwas Sahne und Olivenöl im Mixer pürieren und anschließend mit Salz & Pfeffer abschmecken und durch ein Haarsieb passieren.

Fertigstellung

Gespicktes Kalbsbries in schäumender Butter anbraten, mit Balsamico und Kalbsglace ablöschen und im Ofen bei 160 °C für ungefähr 8 bis 10 Minuten glacieren. Bohnenpüree erwärmen und mit 1 EL Schlagsahne montieren und in der Tellermitte anrichten, glaciertes Kalbsbries auflegen und die Balsamico-Vanilleglace mit etwas frischer Butter sämig aufrühren.

Weinempfehlung *Saftig verspielt, jedoch nicht plump dürfte hier der Weinpartner sein:*
2000 Amigne de Vetroz (legerment doux) ⁜ Germanier Père & Fils ⁜ Wallis

Kreation vom Schwarzfederhuhn mit Gänsestopflebersauce

Zutaten für 4 Personen ⁜ 1 Schwarzfederhuhn ca. 1,6 kg ⁜ 4 Gänsestopfleberwürfel 1,5 cm ⁜ 70 g marinierte Gänsestopfleber für die Sauce ⁜ 8 blanchierte Spinatblätter ⁜ 4 EL Geflügelfarce ⁜ ¼ l Geflügelglace ⁜ ½ l Sahne ⁜ Cognac und Madeira für die Sauce ⁜ Salz & Pfeffer ⁜ Butter ⁜

Zubereitung

Vom Schwarzfederhuhn Brust und Keule auslösen, die Keulen komplett ausbeinen, zum Füllen. Aus der Karkasse einen hellen Geflügelfond kochen.

⁜ Ballontine: Schwarzfederhuhnkeule zwischen zwei Plastikfolien plattieren und dann in vier gleich große Stücke schneiden, mit Salz & Pfeffer würzen, dünn mit Farce bestreichen. Die Gänsestopfleberwürfel in Spinatblätter einschlagen und diese nun in die Mitte der Keule legen.
Die Keulen werden nun vorsichtig zusammengeschlagen und zu einer Kugel geformt, in Klarsicht- und Alufolie eindrehen und in siedendem Wasser ca. 10 Minuten gar ziehen lassen.

⁜ Gänsestopflebersauce: ½ l Geflügelfond mit ½ l Sahne auf ca. ½ l einkochen lassen, Gänsestopfleber einmixen, abschmecken mit Salz & Pfeffer, Cognac und Madeira, nochmals aufkochen, durchmixen und durch ein Haarsieb passieren.

Fertigstellung

Schwarzfederhuhnbrust würzen und in frischer Butter knusprig à point braten, Ballontine mit Geflügelglace nappieren, dann in der Mitte durchschneiden und anrichten, Sauce um die Ballontine anrichten und die Brust aufschneiden und anlegen.

Weinempfehlung *Samtige, feurig nachhaltige Weine stehen hierzu sehr gut im Glas:*
2001 Spätburgunder SD ⁜ Weingut Duijn ⁜ Baden

Crépinette von Bresse-Täubchen mit Trüffelglace und Madeirasauce

ZUTATEN FÜR 4 PERSONEN

2 große Bresse-Tauben · 4 Scheiben Gänsestopfleber à 60 g · 4 Gänsestopfleberwürfel à 10 g · Geflügelfond für Saucenansatz · 2 EL Geflügelfarce · Schweinenetz · 4 Scheiben Brioche, zugeschnitten auf 7 x 4 cm · Butter · Saltz & Pfeffer · Cognac

ROYAL: 2 Eier · ¼ l Sahne · 20 g marinierte Gänsestopfleber

FÜR DIE SAUCEN: Madeira · Trüffelsaft · Cognac · 20 g marinierte Gänsestopfleber · 2 EL gehackte Trüffel

Zubereitung

Tauben auslösen und Innereien vorsichtig entfernen und in kleine Würfel schneiden.
Aus den Taubenkarkassen Jus herstellen.

TRÜFFELGLACE: je 100 ml Trüffelsaft und Madeira auf die Hälfte einkochen. Nun ¼ l Taubenjus hinzugeben und ebenfalls noch mal um die Hälfte einkochen lassen, mit Salz & Pfeffer und Cognac abschmecken, mit etwas frischer Butter aufmontieren und gehackte Trüffel dazugeben.

MADEIRASAUCE: je ¼ l Sahne, Madeira und Geflügelfond auf ein Drittel einkochen lassen. Marinierte Gänsestopfleber und etwas frische Butter einmontieren und mit Salz & Pfeffer und Cognac abschmecken.

ROYAL: Sahne, Eier und marinierte Gänsestopfleber zusammen verrühren.
Abschmecken mit Salz & Pfeffer und Cognac, zugeschnittene Brioche in die Gänseleberroyal einlegen und mindestens 5 Minuten quellen lassen, später Brioche in schäumender Butter langsam von beiden Seiten goldbraun braten.

CRÉPINETTE: Taubenkeulen komplett ausbeinen, dann vorsichtig plattieren und mit Salz & Pfeffer würzen, dünn mit Geflügelfarce bestreichen und Gänsestopfleberwürfel auflegen, nun vorsichtig zusammenschlagen, zu einem Medaillon formen und dann in das Schweinenetz einwickeln.

Fertigstellung

Taubenbrust, Crépinette und Gänsestopfleberscheiben rosa braten, gewürfelte Innereien kurz ansautieren und mit zwei EL Trüffelglace und einem EL Geflügelfond ablöschen, abschmecken.

Anrichtung

In den gebratenen Briochescheiben in der Mitte ein Loch von 2 cm Durchmesser ausstechen und darin das Innereienragout anrichten, darauf Crépinette auflegen, Taubenbrust und Gänsestopfleber in je 4 Scheiben schneiden und um das Crépinette herum anlegen.

Geflügelfarce: siehe Rezept Amuse Wachteltandoori

Weinempfehlung *Kraft und Eleganz sind hierzu Voraussetzung:*
2001 Blaufränkisch „Exclusiv" · Weingut Josef Igler · Mittelburgenland, Österreich

Heidschnuckenrücken mit Rosmarin und Wacholder gebraten

ZUTATEN FÜR 4 PERSONEN ⁜ 1 kleiner Heidschnuckenrücken ⁜ 1 Heidschnuckenleber ⁜ Rosmarin ⁜ Wacholderbeeren ⁜ 4 Artischocken ⁜ Polentagrieß ⁜ alter Balsamico ⁜ Kartoffeln für Rösti ⁜ 2 Mini-Zucchini ⁜ Schalotten ⁜ Knoblauch ⁜ Brühe ⁜ Sahne ⁜ Butter ⁜ Olivenöl ⁜ Parmesan ⁜ Pfeffer & Salz ⁜ Balsamico ⁜

Zubereitung

Heidschnuckenrücken auslösen und parieren, aus den Knochen eine Jus ansetzen.

⁜ WACHOLDER-ROSMARINGEWÜRZ: 3 EL Wacholderbeere mit 2 EL gezupften Rosmarinnadeln im Küchenmixer fein mahlen, ungefähr eine Stunde trocknen lassen und durch ein Haarsieb passieren, anschließend in ein Schnapsglas umfüllen und verschließen, damit sich das Aroma nicht verflüchtigt.

Artischocken schälen und in Würfel von 0,5 cm Kantenlänge schneiden.
Kartoffeln schälen und mit dem Slicer lange Julienne schneiden, anschließend kleine Rösti backen.
½ l Brühe mit ½ l Sahne, etwas Schalottenbrunoise und Knoblauch aufkochen, 80 g Polentagrieß einrühren und ausquellen lassen, mit Butter, geriebenem Parmesan und Schlagsahne montieren und mit Salz & Pfeffer abschmecken.
Später mit den knusprigen Rösti zusammen kleine Törtchen formen.
Heidschnuckenleber in Würfel schneiden und abwechselnd mit Zucchinischeiben auf einen Rosmarinzweig aufspießen, würzen und anschließend braten.

Fertigstellung

Artischockenwürfel mit Knoblauch und Schalottenbrunoise anbraten, mit altem Balsamico und etwas Brühe ablöschen, mit Salz & Pfeffer und frisch gehacktem Rosmarin abschmecken und weich schmoren.
Heidschnuckenrücken mit Salz & Pfeffer und Wacholdergewürz würzen und in Olivenöl heiß anbraten, etwas Butter und Knoblauch dazugeben und bei geringer Hitze rosa fertig braten.

Weinempfehlung *Ein Wein als „Bordeaux-Blend" ist genau richtig:*
1999 Claret ⁜ Bob Foley ⁜ Napa Valley – Kalifornien

Lammrücken von der Älbler Wacholderheide auf Fèves und Tomaten

ZUTATEN FÜR 4 PERSONEN

⁜ 1 kleiner Lammrücken ca. 1,8 bis 2 kg ⁜ Lammfarce ⁜ 1 EL Croutons ⁜ 1 EL gehackte Kräuter der Provence ⁜ 1 TL Cremolata ⁜ 1 Mini-Zucchini, in Scheiben geschnitten ⁜ Schweinenetz ⁜ 100 g getrocknete Gewürztomatenfilets ⁜ 8 getrocknete Kirschtomaten ⁜ 1 kg Fèves (dicke Bohnen) ⁜ Olivenkruste ⁜ gegrillte Kartoffelscheiben ⁜ Schalotten ⁜ Knoblauch ⁜ Rosmarin ⁜ Thymian ⁜ Salz & Pfeffer ⁜

Zubereitung

Lammrücken auslösen und parieren. Aus den Knochen Lammjus herstellen.

⁜ CRÉPINETTE: Vom Lammrücken acht dünne Scheiben à 10 g schneiden und vorsichtig plattieren, Farce mit Kräutern und Croûtons mischen, vier Scheiben mit je einem EL Farce bestreichen und die anderen vier Scheiben auflegen, Seiten glatt verstreichen, würzen, mit Zucchinischeiben belegen und in Schweinenetz einschlagen.

⁜ FÈVES: aus der Schale ausbrechen und die Kerne anschließend in kochendem Wasser blanchieren, in Eiswasser abschrecken und die graue Haut der Bohnenkerne entfernen. Gewürztomatenfilets klein schneiden.
In Butter und Olivenöl die Bohnenkerne mit etwas Schalotten, Knoblauch und Kräutern der Provence anschwitzen, mit Salz & Pfeffer abschmecken.

Fertigstellung

⁜ LAMMRÜCKEN: und Crépinette mit Aromaten (Rosmarin, Thymian und Knoblauch) rosa braten, Rückenstück mit Olivenkruste überbacken, bei der Crépinette das Schweinenetz entfernen und mit Jus glacieren.

⁜ LAMMJUS: mit Cremolata montieren.
Fèves anrichten, Lammrücken aufschneiden, Cremolatasauce saucieren und mit den Kirschtomaten und gegrillten Kartoffelscheiben garnieren.

Weinempfehlung *Stoffige und doch elegante, dezent tanninherbe Rotweine munden hier besonders:*
2000 Septentrion Crianza ⁜ Bodegas Orvalaiz ⁜ Navarra

Glacierter Rehrücken auf Maronenbrioche

ZUTATEN FÜR 4 PERSONEN

1 kleiner Rehrücken, ca. 1,5 kg ⁜ 150 g Rehleber und Herz ⁜ 1 Bd. Rosmarin ⁜ 1 Lorbeerblatt ⁜ 15 g Preiselbeergelee ⁜ 2 EL Preiselbeeren ⁜ 1 l Wildfond ⁜ 200 g Röstgemüse ⁜ 15 Wacholderbeeren ⁜ ½ l Rotwein ⁜ ½ EL Tomatenmark

PREISELBEER-SABAYON: 200 ml Preiselbeersaft ⁜ 50 ml Cassislikör ⁜ 3 Eigelb ⁜ 1 EL Preiselbeeren ⁜ Cayennepfeffer ⁜ Salz

MARONENBRIOCHE: 4 Scheiben Brioche ⁜ 40 g passierte Gänsestopfleber ⁜ 2 Eier ⁜ 2 EL Cognac ⁜ 100 ml Sahne ⁜ 1 EL Butter ⁜ 100 g Maronen, geschält, gekocht und in Scheiben geschnitten ⁜ ½ TL Puderzucker ⁜ 3 cl Madeira ⁜ Salz & Pfeffer

Zubereitung

Rehrücken auslösen und von Sehnen befreien. Knochen und Parüren im Topf anbraten, Röstgemüse dazugeben und weiter braten. Tomatenmark und Preiselbeergelee hinzugeben und dreimal mit Rotwein ablöschen, bis der Saucenansatz richtig glaciert ist, mit Wildfond auffüllen und mit Aromaten auf ein Drittel einkochen lassen, anschließend passieren und abschmecken.
Den Rehrücken mit Salz & Pfeffer würzen und anbraten und bei 200 °C ca. 9 Minuten rosa braten. Anschließend den Rehrücken noch ca. 3 bis 4 Minuten ruhen lassen.

⁜ MARONENBRIOCHE: Eier, Sahne, Cognac und die Gänsestopfleber zu einer Masse zusammenrühren und mit Salz & Pfeffer würzen.
Briochescheiben rund ausstechen und in die Sahnemasse für 5 Minuten einlegen, eventuell einmal umdrehen, danach in schäumender Butter goldbraun braten.
Maronen in Scheiben schneiden und mit Butter und Puderzucker anschwenken.
Anschließend mit Madeira ablöschen. Mit Salz & Pfeffer würzen und auf der gebratenen Brioche anrichten.

⁜ PREISELBEER-SABAYON: Preiselbeersaft und Cassislikör mit den 3 Eigelben in eine kleine Schüssel geben, im heißen Wasserbad schaumig bis cremig aufschlagen, ganze Preiselbeeren als Einlage dazugeben und mit Cayennepfeffer & Salz abschmecken.

Fertigstellung

Maronenbrioche in der Tellermitte anrichten, Rehrücken in gleichmäßige Stücke schneiden und an die Brioche anlegen, mit Sauce angießen und mit Preiselbeer-Sabayon fertigstellen.

Weinempfehlung *Markante, nachhaltige Weine mit Struktur sind besonders geeignet:*
1998 Mourvedre „Evanghelo Vineyard" ⁜ 100 years old vines – Contra Costa ⁜ Jade Mountain ⁜ Napa Valley

Die Ferieninsel Bareiss

Das Bareiss ist ein Hotel. Ein Ferienhotel. Sogar ein sehr gutes und ein daher sehr berühmtes. So weit, so richtig. Aber das Bareiss, eine Insel? Eine Ferieninsel? Wie Sylt? Madeira? Oder die Malediven?

Also, wenn wir das mit der Insel für keinen Etikettenschwindel halten wollen, vom geographischen Nonsense einmal nicht zu reden, dann doch mindestens für eine werbesprachliche Hochstapelei, die sich irgendein PR-Institut oder eine Marketingagentur zu Vermarktungszwecken ausgedacht haben.

So ist es aber nicht. Und der Blumenfreund sowie der fürs bildhaft Lyrische nicht unempfängliche Leser wird uns sogleich Recht geben.

Zuvor aber haben wir noch eine philologische Verteidigung zu liefern: „Es gibt im Hotelprospekt-Deutsch zwei sprachliche Versatzstücke, die den Gast auffordern, ohne Unterscheidung des Hotel-Typs, sich ‚wie zu Hause' zu fühlen unter innenarchitektonischem Hinweis darauf, die Zimmer seien ‚mit viel Liebe zum Detail' eingerichtet. Nun muss man zwar mit Texten für einen Hotelprospekt keine Anwartschaft auf den Nobelpreis für Literatur verbinden. Aber der Verzicht auf diese Anwartschaft sollte nicht zu Vergleichen führen, die nicht stimmen."

Wer so magisterhaft-streng urteilt, ist kein Hotelkritiker, sondern Hermann Bareiss selbst. Nachzulesen in seinem „Hotelknigge", den er geschrieben hat, wie übrigens auch den verzehrtechnischen Ratgeber „Wie isst man das?", der mit etlichen Auflagen nachgerade ein Bestseller in der Ratgeber-Literatur geworden ist.

Wenn also ein Beststeller-Hotellier, der es mit dem Hoteldeutsch akribisch genau zu nehmen pflegt, über das eigene Haus formuliert, denn diese Formulierung ist von ihm höchstpersönlich, das Bareiss sei eine Ferieninsel, dann wird er sich wohl etwas dabei gedacht haben. Und im Gegensatz zu Politikern, die ihrem öffentlich laut werdenden Denken in den seltensten Fällen eine brauchbare Tat folgen lassen, gab der Inselgedanke Hermann Bareiss ein, sein Haus tatsächlich zu umgeben mit einem Meer von Blumen, wir sprachen im diesbezüglichen Kapitel bereits davon. Eine florale Farbenpracht umgibt das ganze Gelände, man taucht förmlich in sie hinein bei der Anreise, dass man denkt, eher im Tessin als im Schwarzwald zu sein. Es ist wahrhaftig ein südländisches Wohlbefinden, das einen überkommt, ein mediterranes Feriengefühl, in dem man alles hinter sich lässt, was einen, bevor man hierher kam, besorgte und beschäftigte. Entschieden ist es das Empfinden, an einer Oase angekommen zu sein, wenn man durch all diese blühende Buntheit bis zum Hoteleingang gefunden hat, der eingebettet ist von Beeten und Rabatten – das hat nichts mehr mit der Welt zu tun, aus der man kam.

Und nun treten die poetisch Empfindsamen in ihre Rechte, die sich sogleich dachten, dass es mit der Ferieninsel Bareiss mehr auf sich haben müsse, als nur von einem Blumenmeer umflossen zu sein. Denn Insel und Oase, das ist Ferne und Abstand von der Dürre der Wüste, von der Trockenheit und Nüchternheit des Geschäftlichen und Beruflichen, Ferne und Abstand vom rauen Fels des Ufergestades, eine Zuflucht, diese Ferieninsel, an die nichts mehr herandringt, was uns sonst Alltag und Arbeit an Ruppigkeiten und Rohheiten bescheren. Hier bin ich Mensch, hier darf ich's sein, so erinnern wir uns an Goethes Faust, und erleben, wie im Bareiss die Poesie von der Wirklichkeit eingeholt wird.

Wenngleich, so halten wir inne, wenngleich sich der Gast, sitzt er bei schönem Wetter draußen auf der Terrasse des Restaurant Bareiss, fragt, ob er in Wirklichkeit nicht träume. Wenn er da nämlich über die Tannenwipfel hinweg ins Blau und Gold des Sonnenhimmels schaut, bevor sich seine Aufmerksamkeit wieder dem Teller zuwendet, auf dem ihn der St. Pierre in Olivensauce, die Rotbarbe mit Curry-Zitronengras-Risotto oder die Perlhuhnessenz mit Steinpilzravioli glauben machen, mindestens im Piemont zu sein oder in der Toskana, maximal weit weg also von den Dinglichkeiten, Dringlichkeiten des Lebens, dass man meint, dies sei ein Traum. Ist es aber nicht. Ist ein Gefilde der Seligen und eine Insel des Genießens, die durch und durch wirkliche Leichtigkeit des Seins.

So ist das Wort von der Ferieninsel nicht Dichtung und Erfindung einer PR-Agentur, sondern die Wahrheit und Wahrhaftigkeit von Gastgebern, die es mit dem Gast ehrlich meinen, wenn sie ihn herzlich willkommen heißen, sei es bei der Urlaubsankunft im Hotel oder beim Empfang für die Genusseinkehr im Restaurant Bareiss. Und beide verlässt man in der Vorfreude, ein nächstes Ma(h)l wieder die Freude zu haben, auf dieser Insel anzulangen, auf ihr ein Weilchen für sich und mit den Seinen zu sein und so wieder zu sich selber kommen zu können.

Eine Ankunft auf der Ferieninsel Bareiss, das ist, auch, ein Ankommen bei sich selbst.

Le Chef: Claus-Peter Lumpp

Für viele Gäste und Kritiker gehört das Restaurant Bareiss zu den elegantesten und französischsten in Deutschland, wenn denn eine Nationalität grammatisch in den Superlativ erhoben werden kann, atmosphärisch jedenfalls ist das möglich. Eine solche Distinktion und Klasse findet man sonst nur in der Capitale, die Henri IV eine Messe wert war. Und ein Journalist sagte neulich, bei Claus-Peter Lumpp speise man wie in einem Dreisternerestaurant in Paris.

In der Tat, im Restaurant Bareiss atmet alles Opulenz, Verschwendung, Großzügigkeit, Luxus, Üppigkeit, das Auge kann sich gar nicht satt sehen am mächtigen Faltenwurf der Dekoration, am Changieren des marmornen Kamins, am Blitzen und Gleißen von Silber und Kristall, an der Majestät des Blumenschmucks, am leuchtenden Spiel der tief-satten Farben von Teppich und Polstern, in die man weich sinkt, auf dass sich der Vorhang hebe über der Großen gastronomischen Oper von Claus-Peter Lumpp.

Auch er, der Küchenchef, geizt nicht mit einer reichen Orchestrierung seiner Rezepte und Erfindungen, deren sensorische Dynamik das Fortissimo auftrumpfender Aromen ebenso beherrscht wie die zarten Nuancen eleganten Abschmeckens, genießbares Pianissimo, wenn man so will, und das in allen Tonarten der Gaumenlust, im Dur selbstverständlich komponiert, von den Appetithäppchen, die noch nicht das Amuse-bouche sind und zum Apéritif gereicht werden – knackige Chesterstangen, würzig kleine Rouladen vom Krustentier mit Koriander oder ein gebackener Risotto –, bis hin zu jenen Naschereien, die es zum Espresso oder Mokka gibt und deren finessenreiches douceur von der Richtigkeit überzeugt, dass Verführungen immer süß sind, die Caramels von Schokolade oder Passionsfrucht, die Früchtewürfel von Aprikose, Quitte oder Orange, oder der Valrhona-Schokoladenkuchen, dem Thomas Mann sein variiertes Wort von der Fülle aromatischen Wohllauts schwerlich verweigert hätte.

Eingebettet zwischen zwei Amuse-bouche, einem kalten und einem warmen – sagen wir einmal Variationen vom Sankt-Patrick-Lachs und lackierte Entenbrust – und der Anfahrt des Käsewagens mit seinen 80 Sorten – natürlich von Hart- und Weich- über Rotschmier- und Schafs- und Ziegenkäsen bis hin zu den Blauen –, zu denen eine Orgie von Brot geboten wird, eingebettet also zwischen Ouvertüre und Finale liegen, je nach Appetit, die fünf, sechs oder sieben Akte der beiden verschiedenen Menüs, die Lumpp zusammengestellt hat, und deren einzelne Gänge voneinander ebenso variieren wie von der À-la-carte-Wahl, die mit eigenständigen Gerichten aufwartet. Wir brauchen an dieser Stelle keinen Lobgesang auf sie anzustellen. Denn ihren Ideenreichtum und ihre Phantasie dokumentiert hinlänglich der in diesem Buch vorgestellte Auszug aus Claus-Peter Lumpps kreativer Rezeptsammlung, deren Originalität für sich selber spricht.

Ideenreichtum und Phantasie, Kreativität und Originalität – das sind jene Zauberwörter, die, wenn auch hilflos, versuchen, das Tun des Schaffenden zu beschwören und zu beschreiben: Woher nehmen's die Dichter, die Maler, die Tonsetzer, die Künstler-Köche?

Abermals sagen wir mit Herrn Gurnemanz, das sagt sich nicht. Erst recht nicht bei einem Charakter und Temperament wie Claus-Peter Lumpp, dessen Phänotyp nun so gar nicht dem des filigranen Kunstjüngers am Herd entspricht. Wie der Mann, so die Küche: barock, sinnlich, bodenständig auch, denn alle Kunst, auch die Kochkunst, kommt erst vom Können, also vom Beherrschen des Handwerks. Darin herrscht Lumpp völlig uneingeschränkt. Das große und kleine Einmaleins seiner Zunft kann er auswendig, das kulinarische Abc steht ihm auch rückwärts aufgesagt zu Gebote, da macht ihm keiner nichts vor, ihm, dem Kochen zu lernen nicht an der Wiege gesungen, sondern auf dem Arbeitsamt geraten wurde – so wenig spektakulär kann eine Karriere beginnen. Freilich, unmusikalisch im Lukullischen war der 1964 im Schwäbischen geborene Sohn eines Textilkaufmanns und einer Kommunalpolitikerin nicht:

Der Schweinebraten seiner Oma ist Legende, in der großelterlichen Küche hat der kleine Lumpp geguckt und gewerkelt und nachgemacht und fand, als ihm zum Beruf geraten wurde, dass die Lust darauf und die Begabung dafür bei ihm durchaus vorhanden seien.

Das Bareiss wurde sein Lehrbetrieb. Was wir vom souverän beherrschten Handwerk sagten, er lernte es hier, ging dann später zu den Großen der kochenden Welt, Witzigmann selbstverständlich, Winkler Santin, Petermann, auch Ducasse gehört zu den Anregern, um dann ins Bareiss zurückzukehren, wo er seit 1992 Küchenchef des Gourmetrestaurants ist, dessen 2-Sterne-Klassifizierung er naht- und mühelos hielt und dessen Positionierung unter den zehn besten Feinschmeckeradressen Deutschlands Lumpp unangefochten bis zur Stunde behauptet.

Das indes verdankt sich außer dem gemeisterten Handwerk noch einigem mehr. Da ist eine so markante wie gesunde Dickschädeligkeit, an sein Können zu glauben und dieses Können unabhängig von jeder Tagesform in einem staunenswerten Kontinuum für den Gast einzusetzen. Psychisch wie physisch strapazierende Zeiten und Situationen hat Lumpp erleben müssen, wie alle, die das Leben lebensreif macht. Geschmeckt hat man das nie. Lumpp, so sehr lustvoll und mit Lust er kocht, kocht er frei von Laune. Er lässt sich auch wenig davon beeindrucken, ob Prominenz im Restaurant sitzt, sei es kritische oder gesellschaftliche. Am liebsten will er es gar nicht wissen. Es ist ihm jeder Gast gleich lieb, jeder Gast ist ein VIP-Gast. Denn Lumpp hält es für unredlich, sich für irgendeinen Tisch mehr als für einen anderen anzustrengen. Jedem Tisch, jedem Gast, jedem Gericht gehört seine volle Konzentration und Sorgfalt. Und Kritik, komme sie nun von berufener Seite, vom Patron also, vom Partner Thomas Brandt – auf deren beider Meinung er große Stücke gibt – oder vom Fachjournalisten, oder komme sie vom Gast, nimmt er so ernst wie sich selbst und seinen Beruf. Der Dickschädel ist durchaus ein Dünnhäuter – man betrachte nur seine Hände, die gepflegten, und wie sie die *mise en place* verrichten –, womit aber kein Sensibelchen gemeint ist, das in Tränen ausbricht, wenn man ihm die Meinung sagt, aber feinnervig ist er, und ist berührt, wenn er andere nicht so zufriedenstellen konnte, wie er selber es am meisten möchte.

Dann hört er sich Einwände an, nimmt Anregungen auf, argumentiert, lenkt, wo nötig, ein, und arbeitet dann an sich, um zum einzigen Ziel zu gelangen, dass er sich gesetzt hat: Es möge dem Gast nicht besser gehen können, als eben dann, wenn der sich nach gehabtem und genossenem Mahl in den Sessel zurücklehnt und Felix Timmermans Pallieter wunderbares Gebet spricht: Nun ist das Vergnügen vorüber, o Herr, schenk uns ein neues.

Gekonntes Handwerk, große Lehrer, Lernvermögen, Zuverlässigkeit und Ausdauer in der Leistung, Sensibilität und Inspiriertheit im Umgang mit dem Produkt, nicht zuletzt das Reagieren auf Kritik, gewiss, das sind Komponenten von Kreativität, deren Geheimnis sich darin freilich weder erschöpft noch erst recht erschließt. Befragt, was denn seine Kreativität ausmache, lässt Lumpp die Antwort offen. Bücher liest er jedenfalls keine. In diesem Zusammenhang ist es bezeichnend, dass ihm das grammgenaue Ausrezeptieren der Gerichte für dieses Buch vorkam wie eine Strafarbeit. Die Arbeit mit den Viktualien am Herd verlangt zwar maximale Präzision und Akuratesse, aber auch jenes situativ-elastische Feingefühl in der Dosage von Aromen und Gewürzen, die ein Gericht erst spannungsvoll macht. Deswegen rät Lumpp auch dem Leser, sich nicht sklavisch an die Textur seiner Vorschläge zu halten, sondern das Gelingen experimentierfreudig auszuprobieren und den eigenen Mut nicht zu unterschätzen.

Lumpp ist entschieden ein Team-Mensch. Den Erfolg des Restaurants verbucht er auf Seiten des harmonischen Zusammenarbeitens zwischen Hausherrn und den beiden Brigaden und natürlich der Brigaden untereinander, Sommelier Jürgen Fendt inbegriffen. Alle sitzen sie im selben Boot, ziehen am selben Strick, verfolgen dasselbe Ziel: eine maximale Zufriedenheit des Gastes aufgrund einer optimalen Leistung. Mit kleineren Ansprüchen treten sie ihr Tagewerk nicht an. Und jeder Tag endet mit der selbstkritischen Frage, ob mit ebendiesem Tag wieder ein Etappenziel erreicht sei.

Das setzt, in jeweils gesundem Grade, Selbstkritik und Selbstzweifel voraus sowie die Bereitschaft, sich den Spannungen eines nicht eben geringen Erwartungsdrucks zu stellen. Diesem Druck standzuhalten und für den notwendigen Ausgleich, für die erforderliche Entspannung zu sorgen, ist eine Frage des Privatlebens. Lumpp, der sich weder bei den Honneurs am Tisch der Gäste noch vor laufender Kamera in den Medien als Star geriert, übt sich auch, was persönliche Auskünfte angeht, in Zurückhaltung. Er arbeitet im Garten, geht schon mal in die Luft als Paraglyder, steht seinen Mann auf den Brettern, die die Welt im Wintersport bedeuten und fährt Ski. Er spielt mit geübter Hand Tennis und ist auch dem Modesport Nordic Walking gegenüber aufgeschlossen. Fehlt sonst noch was? Natürlich. Schließlich geht er nicht als Solitär durchs Leben, sondern an der Seite einer jungen, überaus charmanten und tüchtigen und klugen Frau, die er sich als Dame seines Herzens gewann. Aber dieses Kapitel gehört ins Buch des Lebens und nicht in dieses Kochbuch von und über Claus-Peter Lumpp.

Bretonischer Steinbutt mit Kartoffelravioli

ZUTATEN FÜR 4 PERSONEN

600 g bretonisches Steinbuttfilet ◈ ½ kg Nudelteig für Ravioli ◈ 200 g geputzte und gewaschene kleine Pfifferlinge ◈ ½ l Fischsauce hell ◈ 1 EL Schlagsahne ◈ 2 EL Schnittlauch fein geschnitten ◈ 1 TL Schalottenbrunoise ◈ ½ TL gehackter Thymian für die Pfifferlinge ◈ Salz & Pfeffer ◈ Muskatnuss ◈ Butter

RAVIOLIFÜLLUNG: 250 g geschälte Kartoffeln ◈ 1 EL Schalottenbrunoise ◈ 1 EL Crème fraîche ◈ 1 EL gehackte Gartenkräuter (Petersilie, Schnittlauch, Kerbel, Thymian) ◈ 1 Eigelb ◈ 1 EL Weizendunst ◈ Butter

Zubereitung

Vom Steinbuttfilet die Haut entfernen und in vier gleichmäßige Stücke schneiden, mit Salz & Pfeffer würzen.

◈ KARTOFFELRAVIOLI: Kartoffeln in Salzwasser weich kochen, abschütten und kurz ausdämpfen lassen und anschließend durch ein Sieb passieren.
Schalotten in etwas Butter andünsten und auf die passierten Kartoffeln geben, dann den Rest der Zutaten hinzugeben und zügig vermischen, mit Salz & Pfeffer und Muskatnuss abschmecken.
Ravioliteig mit der Nudelmaschine dünn ausrollen, die Hälfte des ausgerollten Teiges mit Eigelb bestreichen und mit dem Esslöffel kleine Häufchen der Kartoffelmasse auf dem Teig verteilen, die unbestrichene Seite darüber legen und vorsichtig andrücken und mit einem 3 cm gezackten Ausstecher Ravioli ausstechen, später in leicht kochendem Salzwasser 5 bis 7 Minuten ziehen lassen.

Fertigstellung

Steinbuttfilets in schäumender Butter glasig braten, Fischsauce aufkochen und Schnittlauch einrühren, mit einem EL geschlagener Sahne aufmontieren.
Pfifferlinge in Butter ansautieren, Schalotten und Thymian hinzugeben und mit Salz & Pfeffer abschmecken.

Weinempfehlung *Frische, saftige, jedoch anregende Weine sind die perfekten Begleiter:*
2002 Oberrotweiler Henkenberg ◈ Grauburgunder Kabinett trocken ◈ Weingut Salwey ◈ Baden

Kaiserbarsch auf schiefen Nudeln mit weißem Trüffel aus Alba

ZUTATEN FÜR 4 PERSONEN

600 g Kaiserbarschfilet ⁜ 25 g weißer Trüffel aus Alba ⁜ ½ kg Nudelteig ⁜ ½ l Consommé ⁜ ½ l Sahne ⁜ Olivenöl ⁜ 1 Rosmarin- und 1 Thymianzweig ⁜ 2 Salbeiblätter ⁜ 1 Bd. Basilikum ⁜ 1 Bd. Petersilie ⁜ 4 Knoblauchzehen ⁜ Salz & Pfeffer ⁜ Muskatnuss ⁜ Fischfond ⁜ Butter ⁜ Kräuteröl

Zubereitung

Kaiserbarsch in vier gleichmäßige Stücke schneiden und mit Salz & Pfeffer würzen.

⁜ SCHIEFE NUDEL: Nudelteig mit der Nudelmaschine ausrollen und mit einem Messer in ungleichmäßige Rechtecke schneiden.

⁜ KRÄUTERÖL: Alle Kräuter zusammen mit Knoblauch und Olivenöl im Küchenmixer zerkleinern, mit Salz & Pfeffer abschmecken.

⁜ WEIßER TRÜFFELSCHAUM: Consommé mit Sahne auf die Hälfte einkochen lassen, 5 g weißen Trüffel hinein hobeln, mit dem Handmixer aufmixen, die Sauce mit Salz & Pfeffer und einer Prise Muskat abschmecken.

Fertigstellung

Kaiserbarsch in brauner Butter anbraten, mit etwas Fischfond ablöschen, 2 EL Kräuteröl dazugeben und glasig poëlieren.
Schiefe Nudeln in reichlich Salzwasser al dente kochen, abschütten und direkt in einer Pfanne mit dem Kräuteröl anschwenken.
Schiefe Nudeln anrichten und mit weißer Trüffelsauce nappieren, den Kaiserbarsch auflegen und pro Teller 5 g weißen Trüffel aus Alba darüber hobeln und mit je 1 TL Kräuteröl fertig stellen.

Weinempfehlung *Intensive, im Holz gereifte Weine sind wundervolle Ergänzungen:*
2000 Albaluce ⁜ Erbaluce di Caluso ⁜ Bersano ⁜ Piemont

Bretonischer Steinbutt mit Périgord-Trüffel

ZUTATEN FÜR 4 PERSONEN ⁜ 600 g Steinbuttfilet ⁜ 100 ml Trüffelsaft ⁜ 20 ml Kalbsglace (eine stark reduzierte Kalbsjus) ⁜ 80 g Périgord-Trüffel ⁜ 50 g Rosenkohlblätter ⁜ Kartoffeln ⁜ Butter ⁜ Milch ⁜ Schlagsahne ⁜ Puderzucker ⁜ Salz & Pfeffer ⁜

Zubereitung

Steinbuttfilet in vier gleichmäßige Stücke schneiden und mit Salz & Pfeffer würzen. Kartoffeln schälen und in Salzwasser abkochen, mit Milch und Butter ein luftiges Kartoffelpüree herstellen.
Rosenkohlblätter in Butter ansautieren, mit etwas Puderzucker, Salz & Pfeffer würzen, mit Brühe ablöschen und weich glacieren, zum Schluss mit einem EL Schlagsahne fertig stellen.

Fertigstellung

Steinbuttfilet in brauner Butter von beiden Seiten anbraten, mit dem Trüffelsaft und Kalbsglace ablöschen. Périgord-Trüffel in nicht zu dünne Scheiben hobeln und die Steinbuttfilets damit belegen, permanent mit dem Braten-Trüffelsaft übergießen, bis die Steinbuttfilets gar sind. Steinbutt aus der Pfanne nehmen und auf dem Kartoffelpüree anrichten, nun den restlichen rohen Trüffel hacken und in den Braten-Trüffelsaft geben, mit ein paar Butterflocken montieren und den Steinbutt damit nappieren, mit Rosenkohlblättern fertig stellen.

Kalbsglace: eine stark reduzierte Kalbsjus

Weinempfehlung *Klassische Chardonnays passen besonders gut:*
1996 Chassagne-Montrachet 1er Cru „Clos St. Jean" ⁜ Domaine Michel Niellon ⁜ Burgund

Ganzer St. Pierre mit Fenchelholz und Pastis gedämpft

ZUTATEN FÜR 4 PERSONEN

1 St. Pierre à 2 kg ⁘ Fischfond ⁘ Pastis ⁘ Fenchelholz ⁘ Thymian ⁘ 1 Fenchel ⁘ 4 Kirschtomaten ⁘ Butter ⁘ Folienschlauch ⁘ Salz & Pfeffer

GEMÜSE: 2 Fenchel ⁘ 1 kleine Zucchini ⁘ Safran ⁘ Fenchelholz ⁘ Pastis ⁘ 4 Gewürztomatenfilets ⁘ schwarzer Reis ⁘ 1 Sternanis ⁘ 1 Lorbeerblatt ⁘ Thymian ⁘ Schalotten ⁘ Fenchelsamen

Zubereitung

Vom St. Pierre den Kopf und die Bauchlappen abschneiden.
Bauchraum auswaschen und die Haut mit dem Filitiermesser vorsichtig entfernen.
St. Pierre mit Salz & Pfeffer und Pastis marinieren, den Fenchel in feine Streifen schneiden, 90 cm Folienschlauch abschneiden und an einer Seite zubinden und auf ein Blech legen.
Die Fenchelstreifen in den Folienschlauch geben, darauf den St. Pierre legen, nun 100 ml Pastis und 100 ml Fischfond dazugießen, 5 Stangen Fenchelholz, Thymian, Kirschtomaten und frische Butter auf den St. Pierre auflegen.
Jetzt die andere Seite des Folienschlauches zubinden und oben ein kleines Loch einschneiden.

⁘ FENCHELGEMÜSE: ½ l Wasser mit Safran, Sternanis, Lorbeer, Thymian, Safran, Pastis und Fenchelholz und Samen aufkochen, mit Salz & Pfeffer kräftig abschmecken.
Fenchel im Safrangewürzsud weich kochen und auskühlen lassen. Schwarzen Reis in reichlich Salzwasser weich kochen. Ausgekühlten Fenchel in Scheiben schneiden, die Abschnitte in kleine Würfel schneiden. Die Zucchini ebenfalls in kleine Würfel schneiden.

Fertigstellung

Den St. Pierre auf dem Blech aufkochen, bis der Folienschlauch prall aufgeblasen ist, jetzt für ca. 20 Minuten bei 160 °C im Backofen fertig garen.
Die Fenchelscheiben mit Safrangewürzfond und etwas Butter in einer Pfanne glacieren.
Die Zucchiniwürfel in Butter anschwitzen mit Safrangewürzfond ablöschen, nun den schwarzen Reis und die Fenchelwürfel dazugeben, mit Salz & Pfeffer und Pastis nachschmecken und mit Butter cremig aufmontieren, zum Schluss die klein geschnittenen Gewürztomatenfilets dazugeben.

Safrangewürzfond: der Sud, in dem der Fenchel gekocht wurde. Siehe oben Fenchelgemüse

Weinempfehlung *Markante Aromen brauchen auch einen markanten Wein:*
2000 Châteauneuf du Pape blanc ⁘ Domaine Font de Michelle ⁘ Rhône

Rotbarbe in Olivenöl pochiert auf Risotto vom schwarzen Reis

ZUTATEN FÜR 4 PERSONEN

4 bretonische Rotbarbenfilets à 60 bis 70 g ✳ 1 EL gehackte provenzalische Kräuter (Salbei, Rosmarin, Thymian) ✳ Fleur de sel ✳ Olivenöl zum Kochen und Pochieren ✳ 4 geschälte Poivraden ✳ 6 getrocknete Tomatenfilets, grob geschnitten ✳ 2 EL grob gehackte schwarze Oliven ✳ 2 El grob geschnittenes Basilikum ✳ ¼ l helle Olivensauce ✳ Salz & Pfeffer

RISOTTO: 100 g schwarzer Risottoreis ✳ 100 ml Weißwein ✳ ca. 400 ml Fischfond ✳ 15 g frisch geriebener Parmesan ✳ 30 g Butter ✳ 2 EL Schalottenbrunoise ✳ 3 EL Schlagsahne

SONSTIGES: Weißwein zum Ablöschen ✳ Gemüsefond für die Poivraden ✳ Knoblauch ✳ 1 Thymianzweig

Vorbereitung

✳ POIVRADE: mit Knoblauch und einem Thymianzweig in Olivenöl anbraten, würzen, mit Weißwein ablöschen und mit Gemüsebrühe auffüllen und weich schmoren.

✳ RISOTTO: schwarzen Risottoreis mit Schalotten in Olivenöl kurz anziehen, zweimal mit Weißwein ablöschen und dann nach und nach den Fischfond dazugeben, bis der Risottoreis eine cremige Konsistenz mit leichtem Biss hat, Parmesan und Schlagsahne mit unterrühren und nochmals abschmecken.

Zubereitung

Rotbarbenfilets leicht mit Salz & Pfeffer würzen, in eine kleine Pfanne legen und mit Olivenöl bedecken, die gehackten Kräuter dazugeben und die Pfanne nun vorsichtig erhitzen, (das Olivenöl sollte nicht über 80 °C heiß werden) und die Rotbarbenfilets glasig gar ziehen lassen. Nun Tomaten und Oliven anschwitzen, kurz vor dem Anrichten das Basilikum hinzugeben und nochmals abschmecken.

Fertigstellung

Poivraden halbieren und füllen.
Risotto anrichten, mit Olivensauce saucieren, Rotbarbe und Poivraden anlegen, mit etwas Pochieröl die Rotbarbenfilets übergießen und noch mit etwas Fleur de sel würzen.

Weinempfehlung *Mediterrane, saftige Weine mit einer zarten Bitternote sind hier sehr gut geeignet:*
2001 Redoma branco ✳ Niepoort ✳ Douro, Portugal

Atlantik-Lotte mit Cinq épices gebraten auf Kürbisgnocchi

ZUTATEN FÜR 4 PERSONEN

1 Lotte 1,5 kg ◈ 500 g Hokaidokürbis ◈ 500 g Muskatkürbis ◈ Kürbiskernöl ◈ geröstete und gehackte Kürbiskerne ◈ Kürbisfond ◈ Sahne ◈ Cinq-épices-Gewürz ◈ 300 g Kürbispüree ◈ 50 g Mehl ◈ 50 g Weizendunst ◈ 2 Eigelb ◈ Salz & Pfeffer ◈ Verveinepulver ◈ Schlagsahne ◈ Gewürztomaten ◈ Butter ◈ ¼ l Sauternes ◈ 1 l Wasser ◈ Salz ◈ Honig ◈ Trockenbeerenausleessig ◈ 1 Zimtstange ◈ 1 Lorbeerblatt ◈ 1 Zweige Thymian ◈ Schalotten

Zubereitung

Von der Lotte die Haut abziehen und vom Knorpelknochen lösen. Die Lotte parieren und mit Salz & Pfeffer und mit Cinq épices würzen, anschließend in den gerösteten Kürbiskernen wälzen.

◈ KÜRBISFOND: Beide Kürbisse schälen, Kerne entfernen und zuschneiden. Alle Abschnitte, Kerne und 300 g Muskatkürbis in einen Topf geben, mit ¼ l Sauternes und 1 l Wasser auffüllen und mit Salz, Honig, Trockenbeerenausleseessig, 1 Zimtstange, 1 Lorbeerblatt, 1 EL Verveine und einem Zweig Thymian abschmecken, aufkochen. 1 Stunde ziehen lassen und anschließend abpassieren und um die Hälfte einkochen. Den restlichen Muskatkürbis in kleine Rauten schneiden.

◈ KÜRBISGNOCCHI: Hokaidokürbis klein schneiden und mit Schalotten und einem Zweig Thymian anschwitzen, mit etwas Trockenbeerenausleseessig ablöschen, nun etwas Kürbisfond dazugeben und abgedeckt bei 200 °C im Backofen weich schmoren, anschließend ausdämpfen.
Hokaidokürbis jetzt durch ein Haarsieb passieren.
300 g Kürbispüree mit 50 g Mehl und 50 g Weizendunst und 2 Eigelb, Salz & Pfeffer, zügig zu einem geschmeidigen Teig verarbeiten.
Den Teig ausrollen und mit der Gabel kleine Kürbisgnocchi herstellen.
Die Kürbisgnocchi im kochenden Salzwasser blanchieren.

Muskatkürbis in Butter anschwitzen, mit etwas Kürbisfond und Sahne ablöschen und abschmecken, anschließend die Gnocchi einschwenken, cremig einkochen und nochmals nachschmecken.

Fertigstellung

Die Lotte in brauner Butter glasig braten, kurz ruhen lassen und dann in gleichmäßige Stücke schneiden.
Die Kürbisgnocchi mit 2 EL Schlagsahne und einer Prise Verveinepulver aufmontieren.
Zum Schluss mit ein paar Gewürztomaten und Kürbiskernöl fertig stellen.

Weinempfehlung *Würzig, duftende Weine erweisen sich als sehr gute Verbindungen:*
2001 Viognier ❧ Newton ❧ Napa Valley

Bretonischer Hummer auf Süßkartoffeln und Lauch mit Trüffelvinaigrette

ZUTATEN FÜR 4 PERSONEN ⁜ 2 bretonische Hummer à 600 g ⁜ 2 Süßkartoffeln ⁜ 3 blaue Kartoffeln ⁜ 2 Lauchstangen ⁜ 1 EL gehackter Périgord-Trüffel ⁜ ½ l Madeira ⁜ 100 ml Geflügelfond ⁜ 200 ml Trüffelsaft ⁜ 2 EL Aperitifessig ⁜ Maiskeimöl ⁜ Mayonnaise ⁜ Crème fraîche ⁜ Salz & Pfeffer ⁜ Olivenöl ⁜ Thymian ⁜

Zubereitung

Die Hummer in reichlich Salzwasser 4 Minuten abkochen, herausnehmen und die Scheren abbrechen und nochmals 3 Minuten nachkochen, anschließend Hummer und Scheren ausbrechen.

TRÜFFELVINAIGRETTE: ½ l Madeira mit 100 ml Geflügelfond und 200 ml Trüffelsaft auf ein Drittel einkochen lassen. Mit 2 EL Aperitifessig und Maiskeimöl aufmixen, gehackte Trüffelwürfel hinzugeben und mit Salz & Pfeffer abschmecken.

TRÜFFELMAYONNAISE: 1 EL Mayonnaise mit 1 EL Crème fraîche und etwas Trüffelsaft glatt rühren, Trüffelwürfel dazugeben und mit Salz & Pfeffer abschmecken.

Süßkartoffeln schälen und eine in 2 mm dünne Scheiben schneiden und dann Taler von 3 cm Durchmesser ausstechen. Die andere Süßkartoffel in Würfel schneiden.
Die Würfel und die Scheiben in Salzwasser mit leichtem Biss blanchieren.
Blaue Kartoffeln mit Schale kochen, schälen und ebenfalls in Würfel schneiden.
Die erste Lauchstange halbieren, waschen, in kleine Rauten schneiden und ebenfalls blanchieren.
Die zweite Lauchstange am Stück in Salzwasser weich kochen und im Eiswasser abschrecken, danach Lauch in Scheiben schneiden und mit Trüffelvinaigrette marinieren.

Fertigstellung

Die Süßkartoffel- und die blauen Kartoffelwürfel in Olivenöl knusprig anbraten, die Lauchrauten und die Trüffelwürfel dazugeben und mit Salz & Pfeffer abschmecken.
Aus Kartoffelsalat und Süßkartoffeltaler ein Törtchen zusammensetzen.
Hummer in Olivenöl mit Thymian leicht anbraten.

Weinempfehlung *Weine aus alten Reben mit Fruchtfülle und Stoff sollten hier schon sein:*
*1999 Achkarrer Schlossberg ⁜ Riesling Spätlese *** trocken ⁜ Weingut Dr. Heger ⁜ Baden*

Index

Amuse-bouche

Vorspeisen

Zwischengerichte

Hauptgänge

Desserts

Impressum

AUTOREN
Claus-Peter Lumpp, Baiersbronn (D)
Hans Peter O. Breuer, Köln (D)

FOTOGRAFIE
Bart Van Leuven, Gent (B)
Isabelle Persyn, Gent (B): S. 77 l., 120 l., 124, 125

KONZEPT
Jaak Van Damme, Oostkamp (B)

SCHLUSSREDAKTION
Mirjam Madlung, Hamburg (D)
An Theunynck, Oostkamp (B)

LAYOUT & LITHOS
Graphic Group Van Damme, Oostkamp (B)

DRUCK
Graphic Group Van Damme, Oostkamp (B)

BINDUNG
Delabie & Co, Kortrijk (B)

VERLAG
Stichting Kunstboek bvba
Legeweg 165
B-8020 Oostkamp
Tel: +32 50 46 19 10
Fax: +32 50 46 19 18
E-mail: info@stichtingkunstboek.be
Internet: www.stichtingkunstboek.com

ISBN: 90-5856-143-7
D/2004/6407/21
NUR: 441

HOTEL BAREISS IM SCHWARZWALD
D-72270 Baiersbronn-Mitteltal
Telefon +49 74 42 47 0
Fax +49 74 42 47 320
e-mail: info@bareiss.com
www.bareiss.com

Rilke hat schon recht:
als Mahl begann's und ist zum
Fest geworden — für genußreiche
und unvergeßliche Stunden im
Restaurant Bareiss und im Hotel Bareiss
bedanken sich voller Lebensfreude
und in freundschaftlicher Verbundenheit
Ihre Martina und Klaus